A. W. TOZER

Compilado y editado por James L. Snyder

—◈ LA ◈—
VERDADERA VIDA CRISTIANA

ENSEÑANZAS DE 1 PEDRO

PORTAVOZ

La misión de *Editorial Portavoz* consiste en proporcionar productos de calidad —con integridad y excelencia—, desde una perspectiva bíblica y confiable, que animen a las personas a conocer y servir a Jesucristo.

Título del original: *Living as a Christian* © 2009 por James L. Snyder y publicado por Regal, de Gospel Light, Ventura, California, U.S.A. Traducido con permiso.

Edición en castellano: *La verdadera vida cristiana* © 2013 por Editorial Portavoz, filial de Kregel Publications, Grand Rapids, Michigan 49501. Todos los derechos reservados.

Traducción: Ricardo y Mirtha Acosta

EDITORIAL PORTAVOZ
P.O. Box 2607
Grand Rapids, Michigan 49501 USA
Visítenos en: www.portavoz.com

ISBN 978-0-8254-1931-7 (rústica)
ISBN 978-0-8254-0361-3 (Kindle)
ISBN 978-0-8254-8505-3 (epub)

1 2 3 4 5 / 17 16 15 14 13

Impreso en los Estados Unidos de América
Printed in the United States of America

~ℚ CONTENIDO ℚ~

EL CRISTIANO SORPRENDENTE

¿Qué es un cristiano? El panorama actual está inundado de todo tipo de ideas erróneas acerca de lo que significa ser cristiano, tomadas en gran parte de la cultura que nos rodea. Para algunos, el cristiano es simplemente una persona reformada que se esfuerza por actuar lo mejor posible. Hay quienes han creado un patrón en el que tratan de comprimir a ese cristiano, pero este no se ajusta a dicho patrón, y el resultado es una caricatura, sin ningún poder o autoridad.

En este libro el Dr. Tozer se dirige al cristiano cuyo amor y afecto por Cristo es la pasión que le consume toda la vida... todos los días. No está escribiendo acerca del cristiano carnal que no se ha rendido al gobierno de Cristo. En toda esta obra, Tozer muestra la suposición de estar hablando a alguien que ha tenido una verdadera experiencia de conversión. Insiste en que debemos tener la mayor seguridad en nuestra experiencia de transformación, y confiar en que el Espíritu Santo nos dirige día a día de manera que traiga la mayor gloria al Cristo que murió por nosotros. Tozer empieza donde la mayoría de escritores terminan. Para él, la conversión no es el final, sino más bien el principio de un maravilloso paseo de fe, de confianza y, sí, de obras.

Me resultó muy interesante ver el comentario del Dr. Tozer

con relación a Hebreos 11, al que la mayoría de nosotros vemos como el «capítulo de la fe» en la Biblia. Sin embargo Tozer, en su manera inimitable, lo llama el «capítulo de las obras». La fe sin obras está muerta, y debe haber un equilibrio entre lo que creemos y lo que vivimos. No se puede caminar con un solo pie; necesitamos el contrapeso de ambos pies, y el Dr. Tozer nos presenta un buen equilibrio espiritual al describir de qué trata la vida cristiana desde la perspectiva de la Palabra de Dios.

Desde luego, necesitamos celebrar de qué hemos sido salvados. Eso podría producir en nosotros mucha alabanza y acción de gracias, porque Dios nos ha salvado de una vida de miseria. Pero más importante es que festejemos para qué se nos ha salvado. La vida cristiana es el camino a seguir. Lo más importante es poner «los ojos en Jesús». Toda persona redimida tiene un destino específico que debe cumplir. Descubrir ese destino y cumplirlo en el poder del Espíritu Santo que mora en nosotros representa el gozo de la vida diaria del cristiano.

Debemos comenzar con Cristo, continuar con Cristo y, finalmente, terminar con Cristo. Siempre se trata de Jesucristo, nuestro todo en todo; cualquier cosa fuera de Cristo no es parte de la vida ni del caminar cristiano.

A lo largo del libro, el Dr. Tozer dedica tiempo a desarrollar el tema de la salvación como el plan maestro de Dios para el hombre. La preciosidad del plan divino de salvación revela el valor que Dios concede al hombre. La salvación no es para Dios algo casual, y no debemos tomarla a la ligera. Utilizando una ilustración favorita de Tozer, no es poner una moneda en la ranura, tirar de la palanca, agarrar un paquete de salvación, y luego seguir nuestro propio camino. Al contrario, lo que la salvación hace al individuo que acepta a Jesucristo es nada menos que revolucionario, y su vida a partir de ese momento es nada menos que milagrosa.

Este sorprendente cristiano es el reflejo de la gloria de la salvación en el mundo que le rodea. No solamente la salvación es algo valioso y extraordinario, también lo es el cristiano. La salvación no es un fin en sí, es más bien un plan para que el hombre vuelva al centro del amor y el favor de Dios. Todo acerca del cristiano debe reflejar la gloria de su salvación. El cielo entero contempla con orgullo a esta curiosa criatura llamada cristiano.

Este cristiano puede soportar cualquier cosa que venga contra él, incluso herejías de toda clase que han infestado a la Iglesia desde el principio. Tozer describe estas herejías y la manera en que el cristiano se eleva por encima de ellas, inclusive el ataque flagrante del mayor enemigo del cristianismo: el diablo. También incluye la actitud del cristiano hacia la persecución y el sufrimiento por la causa de Cristo. Este singular cristiano está en el mundo pero no pertenece a él. Por consiguiente, su modo de vivir delante de los incrédulos es crucial.

Debido a la posición del cristiano en Cristo, sentado en los lugares celestiales, sin importar lo que suceda, el creyente está por encima de todo daño y puede descansar en la seguridad de Jesucristo, el vencedor. El Dr. Tozer afirma: «Nadie, ninguna cosa, ni ninguna circunstancia puede dañar a un hombre bueno». Este «hombre bueno» es inmortal, y cuando su destino en la tierra haya concluido, su destino continúa en lo que ha heredado a través de la salvación.

James Snyder

ENSEÑANZAS DE 1 PEDRO

EL CRISTIANO CREE EN COSAS QUE NO PUEDE VER

A quien amáis sin haberle visto, en quien creyendo, aunque
ahora no lo veáis, os alegráis con gozo inefable y glorioso.
1 PEDRO 1:8

De todos los apóstoles, en mi opinión, Simón Pedro se destaca entre todos los demás. Su vida y su ministerio son ejemplos muy interesantes a seguir. Él fue uno de los discípulos más animados, quien mediante palabras demostró más devoción a su Señor, y quien estuvo dispuesto a morir por él. Podría plantearme ciertas preocupaciones respecto a algunas de las actitudes y acciones de Pedro que las Escrituras nos revelan, pero en lo más profundo se hallaba radicalmente comprometido con el Señor Jesucristo; por eso le tengo tanta admiración. Muy a menudo este apóstol no sabía cómo demostrar su amor, pero después de ese poderoso día de Pentecostés (ver Hechos 2), junto con el resto de discípulos, nunca volvió a ser el mismo. Se convirtió en una poderosa fuerza para Dios.

Los escritos de Pedro no son tan elocuentes como los del apóstol Pablo, porque su enfoque del cristianismo es más bien práctico. Su voz no se levanta en momentos de éxtasis y oratoria como Pablo hacía a menudo, pero tiene una manera de presentar la verdad que el cristiano promedio puede entender. Al leer sus epístolas, casi siempre le oigo predicar sencillos y prácticos sermones bíblicos. En el lenguaje del hombre común, Pedro habla en sus epístolas acerca de este cristiano sorprendente e inconmovible, del cual forma parte, y que cree aunque no pueda ver a Aquel en quien cree.

En 1 Pedro 1:8, el apóstol comienza a describir a este sorprendente cristiano. Usa dos expresiones muy similares excepto en tiempo: «A quien sin haberle visto» y «aunque ahora no lo veáis». La primera tiene que ver con cualquier posibilidad de ver a Jesús en el pasado, y la segunda tiene que ver con cualquier posibilidad de verlo ahora.

Los cristianos, los cuales pertenecen a Dios por la santificación del Espíritu y por haber sido rociados con la sangre de Cristo, son creyentes en aquello que no pueden ver y que no han visto. Un antiguo proverbio reza: «Ver es creer». Por supuesto, hay un tipo de creencia que debe depender de ver. No obstante, esta es simplemente una conclusión extraída del testimonio de los sentidos, y para nada es una creencia del Nuevo Testamento. Los creyentes del Nuevo Testamento creen un informe respecto a cosas que no se ven, lo cual representa la diferencia entre la fe del Nuevo Testamento y cualquier otra clase de supuesta creencia.

Los primeros cristianos creían en lo invisible, otra manera de decirlo, y esto se asemeja a lo que expresa Hebreos 11:27: «Por la fe dejó a Egipto, no temiendo la ira del rey; porque se sostuvo como viendo al Invisible». Abraham fue capaz de soportar porque su enfoque estaba en cosas que eran invisibles.

Siendo lo que somos, confiamos bastante en lo que vemos físicamente; pero si pudiéramos ver todo a nuestro alrededor, si pudiéramos ver las maravillas, las cosas invisibles de la creación, nunca nos sentiríamos solos ni un instante, ni dudaríamos de lo que no se ve. Las cosas invisibles están ahí, pero simplemente no se pueden ver sin fe. Abraham tuvo fe y pudo soportar porque logró ver lo que no se veía ni se podía ver. Al actuar así, estos cristianos mencionados en 1 Pedro experimentaron lo invisible de manera tan vívida y satisfactoria, que pudieron regocijarse con gozo inefable y glorioso.

Hoy día entonamos canciones tan falsas que a veces dudo en cantarlas. Si el Dios Todopoderoso nos obligara a ser sinceros al 100% cuando cantamos el himno promedio, simplemente no podríamos hacerlo porque sus palabras no serían ciertas para nosotros.

Permítame ofrecer las palabras de algunos himnos como ejemplos. He aquí la letra de una canción que entonamos a menudo en nuestras iglesias: «Mi fe espera en ti, Cordero, quien por mí fuiste a la cruz». Se trata de un hermoso cántico escrito por Ray Palmer (1808-1887). Cuando escribió la último línea («Guárdame en santidad, y por la eternidad te alabaré»), Palmer expresó: «Me hallaba tan conmovido por lo que estaba escribiendo, y por lo que estaba pensando, que compuse la última estrofa en medio de un mar de lágrimas». Ese hombre lo dijo de todo corazón, pero yo me pregunto: ¿cuántos de nosotros entendemos lo que decimos cuando cantamos hoy día ese himno? Es solo debido a una adaptación caritativa de la verdad que podemos cantar la mayoría de himnos que entonamos.

«Solo excelso amor divino», escrito por Charles Wesley (1707-1788), es otro himno que cantamos con muy poco significado.

Solo, excelso, amor divino,
Gozo, ven del cielo a nos;

Mora en nos, y compasivo
De fe danos rico don.
Padre, tú eres cual ninguno,
Grande y puro es tu amor,
Salvación nos has traído
Te adoramos con fervor.

Recuerdo un cántico popular de reuniones de campamento años atrás, «Como un poderoso mar», escrito por A. I. Zelley:

Como un poderoso mar, como un poderoso mar,
A cubrirme viene el amor de Jesús;
Las olas de gloria retumban, mis gritos no puedo controlar;
A cubrir mi alma viene el amor de Jesús.

Fácilmente puedo creer que el hermano que compuso esas letras estaba tan absorto en la gracia de Dios que cuando afirmó: «Las olas de gloria retumban, mis gritos no puedo controlar», prácticamente estaba diciendo la verdad. Sin embargo, muchos que cantan «mis gritos no puedo controlar» *pueden* controlar sus gritos mucho mejor de lo que logran dominar su lujuria y su mal carácter.

Si el cristiano promedio cantara: «Las olas de gloria retumban, mi lengua no puedo controlar», estaría expresando la verdad. Pero decir: «Mis gritos no puedo controlar» es mentir frente al Dios todopoderoso. No obstante, decimos un montón de mentiras. Sugiero que si usted no puede sentirlo, no lo cante. Comprometámonos y pongámoslo de este modo: cantemos diciendo en nuestros corazones: «Oh, Dios, no es verdad, pero quiero que lo sea. No es así, Señor, pero haz que sí sea, por favor». Creo que Dios comprendería y honraría nuestro deseo.

Si el cristiano promedio fuera sincero, cantaría: «Mira cómo me arrastro aquí abajo, amando estos juguetes terrenales», en vez de cantar: «Las olas de gloria retumban, mis gritos no puedo controlar». ¿Cómo podemos convertirnos en seres que cantemos con sinceridad: «Mis gritos no puedo controlar»?

Los cristianos de los que Pedro escribe vieron lo invisible, creyeron en ello y se regocijaron «con gozo inefable y glorioso». No sé de qué manera decirle a usted cómo conseguirlo; solo sé cómo ellos lo hicieron. Lo consiguieron creyendo en lo que no podían ver, y esa es la única forma en que alguna vez usted y yo tendremos gozo inefable y un grito que no podamos dominar.

Creer en cosas que no se ven

La característica del cristiano que Pedro está tratando de establecer aquí es que cree en cosas que no puede ver; cree en lo invisible; cree que el mundo real coexiste con el mundo físico, palpándolo y accesible a él. No existe ninguna contradicción entre espíritu y realidad. La contradicción es entre espíritu y materia, nunca entre lo espiritual y lo real. Por eso el creyente acepta y cree en un mundo real en el cual Dios es el Rey: un reino eterno, un mundo eterno, un mundo espiritual e invisible que coexiste y está en contacto con nuestro mundo y al que es accesible. El cielo no está tan lejos que debamos tomar un avión y viajar a través de años luz para llegar allá. El cristiano promedio piensa en el cielo como en algo muy lejano, y solo por costumbre cantamos que está cerca y que «la gloria baja a saludar a nuestras almas».

El mundo eterno en el cual Dios es Rey está habitado por espíritus inmortales, y ha sacado de nuestra vista por poco tiempo a nuestros seres amados cristianos. Ese mundo es tan real, en realidad mucho más real, que el mundo físico al que estamos tan acostumbrados. Existe una maravillosa sensación de coexistencia en nuestro mundo, que no es como la gran brecha vacía entre las estrellas en los cielos. Podemos ver una estrella en los cielos, y entre ella y la siguiente hay un espacio de algunos millones de años luz. El mundo visible que nos rodea no está separado de esas cosas invisibles.

Es un hecho conocido que dos objetos de igual densidad no pueden ocupar el mismo lugar al mismo tiempo. Pero por otra parte aquí hay algo que debemos recordar: Dos cosas que no son de igual densidad sí pueden coexistir en el mismo lugar al mismo tiempo.

Por ejemplo: si usted está sentado frente a su chimenea con el fuego ardiendo, allí estarían coexistiendo dos elementos: luz y calor. No son de igual densidad; no se excluyen mutuamente; son mutuamente compatibles, y ambos elementos salen de esa chimenea.

Piense también en el sol en lo alto del cielo. Dos elementos salen de él al mismo tiempo, coexistiendo entre sí: calor y luz. Nos calentamos y nos iluminamos por el sol. La luz y el calor no se excluyen entre sí, sino que son compatibles, se entrelazan y viven en unidad. Por tanto, el mundo abajo que Dios ha hecho, al que llamamos naturaleza, y el mundo en lo alto que Dios también ha hecho, y que llamamos cielo, son coexistentes.

Esos mundos no solo coexisten entre sí, también se tocan y son mutuamente accesibles, de tal modo que Dios pudo colocar sobre la tierra una escalera cuya parte superior llegara al cielo, y por la que ángeles ascendieran y descendieran. Un mundo es accesible al otro en ambos sentidos; las puertas se abren en ambas direcciones de modo que Dios pudo enviar a su Hijo unigénito y también pudo hacer subir a Esteban. Podemos elevar nuestras oraciones, y las respuestas bajan. Los dos mundos se topan, coexisten y son accesibles entre sí.

Este cristiano que describe Pedro cree en el mundo invisible, y esto lo distingue de toda clase de materialismo. Durante las festividades, nuestros medios de comunicación se jactan de lo espiritual. No obstante, una vez concluida la temporada, regresan al materialismo. Aunque están celebrando lo espiritual, lo hacen de un modo materialista. Sin embargo, el cristiano se distingue claramente de toda clase de materialismo. No le da mucho valor a lo que ve. No limita su creencia tan solo a lo que puede palpar. Persevera, viendo lo invisible. Lo inmaterial no es fantasmal o espectral, sino espiritual. Lo que es espiritual tiene existencia real, pero es espíritu en lugar de materia. El cristiano cree eso y vive a la luz de ello, y esto lo distingue para siempre de todo tipo de materialismo.

Esto también lo distingue de toda clase de superstición e idolatría. El idólatra también cree en lo invisible, pero la diferencia es que un cristiano es aquel cuya fe en lo invisible se ha corregido, disciplinado y purificado por revelación divina.

Un pagano puede arrodillarse ante una piedra. Si se trata de un pagano inteligente usted podría preguntarle: "¿Por qué adoras esa piedra?". Tal vez él contestaría: "No adoro la piedra, sino la deidad que reside en la piedra".

Los griegos solían arrodillarse frente al monte Olimpo, y si les preguntara: "¿Por qué adoran ustedes al monte Olimpo?", dirían: "No adoramos la montaña, adoramos a los dioses de la montaña". Incluso hoy existen aquellos que se inclinan ante estatuas en iglesias, y si les preguntara: "¿Por qué adoran esa imagen?", responderían: "No adoramos esa imagen, sino al Dios a quien nos recuerda esa imagen".

El punto de vista cristiano de lo invisible

Es totalmente posible creer en lo invisible sin ser cristiano. Muchas personas caen en esta categoría. Pero no es posible ser cristiano y no creer en lo invisible. Es posible creer que en alguna parte hay algún tipo de mundo fantasmagórico, al que se debe aplacar con patas de conejo, frases extrañas, cadenas alrededor del cuello, medallones y toda clase de objetos. Eso es creer en lo invisible, pero se trata de una creencia pagana y equivocada.

Cuando Jesucristo vino y trajo a la luz la vida y la inmortalidad a través de los Evangelios, se levantó, abrió la boca y nos habló, corrigiendo esa falsa y pecaminosa creencia en cosas supersticiosas al decirnos cómo es el mundo real. Él fue el único que alguna vez había estado allí para regresar y contárnoslo. Abraham murió, y su cuerpo duerme en el campo de Macpela, mientras su espíritu está con Dios; pero él nunca ha podido volver para decirnos cómo es el más allá. Sin embargo, Jesús ha estado allí desde la eternidad, y cuando vino a la tierra nos habló de aspectos celestiales y nos reprendió por no aceptar sus palabras.

De modo que el cristiano no es un materialista que solo cree en la validez de todo lo material. Tampoco es un idólatra que solo cree vagamente en la existencia de otro mundo. El cristiano cree en lo que le ha enseñado Aquel que estuvo allá y atravesó el umbral de nuestro mundo, oliendo a mirra y áloe desde palacios de marfil (ver Sal. 45:8), fragante debido a la presencia del Rey eterno.

Confianza del cristiano en lo invisible

El cristiano no solo cree en el mundo invisible, sino que cuenta también con él. Actúa, planifica y vive como alguien que considera la realidad de lo invisible. En el lado opuesto, el hombre de la tierra no cree en otro mundo o, si cree en él, asiente obedientemente con la cabeza a la creencia en ese mundo, pero no permite que este le altere ninguno de sus planes. Actúa igual como si no hubiera un mundo invisible, y sigue viviendo como si el cielo fuera un mito y no existiera.

Pero el cristiano cuenta con el otro mundo, de modo que la presencia invisible de Dios en el reino eterno, los espíritus hechos perfectos en la santa iglesia del primogénito, el Espíritu Santo, y el mundo invisible realmente influyen en su vida. Lo invisible, en realidad, da forma a los planes del cristiano, determina sus hábitos, y le anima, consuela y apoya.

Es reconfortante la idea de que Dios está cerca de nosotros. Es un pensamiento consolador que haya mundos invisibles cerca de nosotros. Nos consuela saber que cuando Jesús oró en el huerto de Getsemaní llegaron ángeles a consolarlo, y que pudo haber tenido legiones de ángeles a su lado. Nada ha cambiado. Como proclama el poema «El reino de Dios» de Francis Thompson (1859-1907):

Los ángeles mantienen sus antiguos lugares.
¡Basta dar vuelta a una piedra y echan a volar!
Sois vosotros, son vuestros rostros extrañados
Los que pierden su visión esplendorosa.

Nuestros corazones incrédulos han perdido «su visión esplendorosa». Los ángeles aún están aquí. Nuestros amigos en el otro lado de la cerca de piedra eclesiástica son ideales para los ángeles y celebran las huestes angelicales casi a cualquier hora del día o la noche. Pero tengo la ligera sospecha de que hay una relación más cercana entre el concepto que ellos tienen de los ángeles y la idea pagana del monte Olimpo, que del concepto del Nuevo Testamento. El hecho de que ellos vayan en busca de los santos ángeles, no nos debe hacer volver nuestras espaldas a los ángeles y decir que no están aquí. Están aquí, y Jesús habló acerca de los niños pequeños: «Mirad que no menospreciéis a uno de estos pequeños; porque os digo que sus ángeles en los cielos ven siempre el rostro de mi Padre que está en los cielos» (Mt. 18:10).

El hecho de que la religión pagana se haya mezclado con el cristianismo, y haya creado un pervertido y falso punto de vista del ministerio angelical, no es motivo para dar la espalda a todo el asunto. Solo porque los musulmanes oren de manera errónea y obediente cinco veces al día, no es razón para que yo no ore. Que los mormones tengan su Libro de Mormón no es motivo para que yo tire a patadas la Biblia a la calle. Solo porque los de la Ciencia Cristiana se reúnan en un edificio de iglesia no es motivo para que yo vaya a derribar alguna construcción eclesial. La realidad de la falsificación nunca nos debería obligar a desechar lo real.

Observe una moneda de veinticinco centavos y verá las palabras: "Liberty, In God We Trust [Libertad, En Dios confiamos]". En la otra cara se encuentra: "United States of America, E Pluribus Unum, Quarter Dollar [Estados Unidos de América; De muchos, uno; Veinticinco centavos]". Que yo sepa, nunca he tenido una moneda falsa de veinticinco centavos, pero si alguien me devolviera alguna de ellas, diciéndome que es falsa, yo no tiraría todas mis monedas al patio trasero. Que haya una amplia falsificación no es motivo para rechazar la verdad. Si algunas personas hacen demasiado hincapié en los ángeles, esa no es razón para vengarme de ellos ni para hablar muy poco de ellos.

El educador cuáquero Thomas Kelly señaló que vivimos en dos planos: el de lo natural y el de lo espiritual. Es por eso que el cristiano es una criatura maravillosa, misteriosa, extraña y desconcertante. Es tanto animal como espiritual, e insiste en vivir para lo espiritual mientras aquí abajo se encuentra en su cuerpo mortal, lo que lo convierte en alguien curioso.

Tome por ejemplo a dos vecinos que viven en la misma calle en los números 1631 y 1633, uno junto al otro. Son tan diferentes como la noche y el día. Uno es claramente un antiguo y absoluto pecador bonachón, tranquilo y relajado en su camino al infierno, pero no cree que así sea. Es fácil tratar con él, no molesta a nadie, es amigable y saluda cuando va por la calle. Se trata de un pecador, un Esaú, un rebelde afable en su camino al infierno.

Junto al hombre vive un cristiano, alguien que ha nacido de nuevo y ha recibido al bendito Espíritu Santo como anillo de bodas, pero que tiene sus problemas. Llora cuando no hay por qué llorar y se entristece sin motivo aparente. Se preocupa cuando alguien lo aborda con deseos de hablarle. Cuando el hombre de al lado no quiere apagar la radio, se preocupa de que haya habido un bombardeo en ultramar. Tal vez ponga la Biblia debajo del brazo y se dirija a una reunión callejera o una reunión de oración. No se muestra tan tranquilo como el pecador y no actúa de la misma forma.

¿Por qué? Porque el pecador vive solamente en un plano, el físico, y el cristiano vive en dos planos: el físico y el espiritual. En su cuerpo, está aquí abajo en la carne; pero en su espíritu, está allá arriba con Dios. Y el resultado es que no es tan agradable estar cerca de él como podría ser. Siempre he afirmado que los profetas nunca son personas tranquilas con las cuales estar, pero son indispensables si no hemos de decaer.

La preocupación del cristiano con lo invisible

Es característico del cristiano preocuparse de lo invisible. Permítame usar la Cena del Señor como ilustración. ¿Qué es un sacramento? Un sacramento es donde lo invisible y lo visible se juntan y se tocan. Lo eterno y lo temporal se encuentran y se tocan. La Cena del Señor es un sacramento en que se utiliza lo material como una prenda delgada para encubrir lo espiritual, y en que utilizamos lo temporal como una bandeja en que servimos lo eterno. Esa siempre ha sido la creencia del cristiano.

Hay dos corrientes de pensamiento que se centran en el sacramento de la Cena del Señor. La primera es que los elementos realmente se vuelven visibles (lo invisible se hace visible) y que, cuando usted toma el pan de la bandeja, de modo consciente está tocando y levantando el mismo cuerpo que María dio a Jesús. Eso parece indigno de una respuesta seria.

La segunda corriente de pensamiento cree que lo invisible está presente, debajo y detrás de lo visible, y creo en eso. Dondequiera que la fe tenga ojos para ver, está la presencia sonriente del Hijo de Dios. Creo que en la Cena del Señor, en el pan y el vino, podemos rastrear esa presencia, podemos saber de dónde vino, y la adquirimos. No hay nada mágico al respecto. Esa cena pudo haber alimentado aves; cualquier pecador pudo beber la copa; no hay nada mágico en ella, pero representa una lección objetiva. Establece lo espiritual en términos materiales. Lo eterno en términos temporales. Y siempre que la fe esté presente, palpamos y tratamos con aspectos invisibles.

Una ilustración de esto se halla en la celebración de la Mesa del Señor. Incluso en la iglesia primitiva, algunos cristianos se volvieron tan absortos con lo material que no reconocieron lo espiritual. Bebieron el vino y lo disfrutaron, y comieron el pan y quedaron satisfechos, pero al hacerlo no tuvieron fe en lo invisible. No discernieron el cuerpo del Señor (ver 1 Co. 11:29-30).

A través de las Escrituras, especialmente en los escritos del apóstol Pablo, se advirtió a los creyentes en relación con comer y beber la Cena del Señor como algo meramente carnal. Para muchos se convirtió solo en una comida servida ante ellos que podían disfrutar. Este pensamiento materialista entristeció a Dios. La Cena del Señor es más que solo elementos materiales; antes bien, para el hombre o la mujer de fe es a través de esta puerta material que alcanzamos lo espiritual.

Lo espiritual, lo invisible y lo eterno están exactamente aquí. La fe reconoce esto. Este cristiano sorprendente del que Pedro escribe pone su fe en lo invisible, en lo que no ha visto, de modo que lo invisible se ha vuelto visible.

2

EL CRISTIANO COMPRENDE LA VERDAD ACERCA DE LA SALVACIÓN

Los profetas que profetizaron de la gracia destinada a vosotros,
inquirieron y diligentemente indagaron acerca de esta
salvación, escudriñando qué persona y qué tiempo indicaba
el Espíritu de Cristo que estaba en ellos, el cual anunciaba de
antemano los sufrimientos de Cristo, y las glorias que vendrían
tras ellos. A éstos se les reveló que no para sí mismos, sino para
nosotros, administraban las cosas que ahora os son anunciadas por
los que os han predicado el evangelio por el Espíritu Santo enviado
del cielo; cosas en las cuales anhelan mirar los ángeles.

1 PEDRO 1:10-12

A lo largo de la Biblia, tres verdades importantes se dividen muy bien en verdad singular, verdad excepcional y verdad alentadora. Un entendimiento de esta trinidad de la verdad es esencial para comprender la dinámica de la salvación.

La verdad es singular porque no se menciona mucho en la Biblia. La salvación es algo tan celestial y misterioso que los mismos profetas que la anunciaron no la entendieron, y en realidad buscaron e indagaron con diligencia acerca de la salvación sobre la que escribían con pasión. Ellos solo sabían que estaban escribiendo respecto a personas favorecidas que habrían de venir, que iban a recibir extraordinarias y fabulosas riquezas de manos de un Dios amable y misericordioso, pero no entendían esto del todo.

Luego está la verdad excepcional de que los profetas del Antiguo Testamento tenían el Espíritu de Cristo. Nuestra salvación es conocida y comentada en el cielo, y además es admirada por los ángeles que no cayeron. Eso no es un asunto reciente, ni siquiera relativamente reciente, sino muy antiguo. Es el tema de todos los profetas inspirados desde el inicio del mundo. Todo esto nos lleva a la verdad alentadora.

Una verdad singular

Debemos comenzar con la verdad singular, la cual influyó en gran manera en los profetas del Antiguo Testamento. Leemos:

> Los profetas que profetizaron de la gracia destinada a vosotros, inquirieron y diligentemente indagaron acerca de esta salvación, escudriñando qué persona y qué tiempo indicaba el Espíritu de Cristo que estaba en ellos, el cual anunciaba de antemano los sufrimientos de Cristo, y las glorias que vendrían tras ellos. A éstos se les reveló que no para sí mismos, sino para nosotros, administraban las cosas que ahora os son anunciadas por los que os han predicado el evangelio por el Espíritu Santo enviado del cielo; cosas en las cuales anhelan mirar los ángeles (1 P. 1:10-12).

Creo que aquí podemos aprender mucho acerca de la inspiración bíblica, de la cual existen numerosas teorías. No creo que la verdad evangélica deba necesariamente aceptar cualquier teoría de inspiración mientras creamos que los santos hombres de Dios hablaron siendo inspirados por el Espíritu Santo. «De cierto os digo que hasta que pasen el cielo y la tierra, ni una jota ni una tilde pasará de la ley, hasta que todo se haya cumplido» (Mt. 5:18). Opino que esto cumple con los requisitos para la creencia acerca de la inspiración de las Escrituras.

Algunos creen que los escritores inspirados solo escribieron de lo que conocían. Que simplemente eran reporteros religiosos que informaron de manera inteligente y espiritual sobre lo que sabían, y que luego exhortaron, consolaron y reprendieron, dando aplicación de lo que sabían a los corazones de las personas. Eso queda bastante corto. La realidad es que a veces los profetas fueron inspirados a hablar de cosas que no entendían. Oían la voz del Espíritu atestiguando dentro de ellos cosas maravillosas, y hablaban de lo que oían, pero no sabían de qué estaban hablando. Era relativamente fácil para un profeta entender cuando Dios reveló que Babilonia caería, que llevarían cautivo a Israel, o que Acab debía morir y que los perros le lamerían la sangre, o cualquiera de las otras docenas de profecías sobre hechos históricos. Eso era relativamente fácil, y todo profeta lo entendía.

Suponga que me llega una visión profética de que los Estados Unidos enfrentarán una destrucción a causa de una bomba nuclear, y que mi deber era escribir al respecto. Yo podría entender mi propio escrito. Sería cuestión de visualizar la destrucción de esta enorme nación. Muchas de las profecías del Antiguo Testamento fueron dadas a un nivel racional y los profetas que las anunciaron podían comprenderlas fácilmente. Pero al meterse con el dorado y maravilloso mundo de gracia, misericordia, salvación, encarnación, resurrección, expiación, ascensión, y con el

envío del Espíritu Santo además del nuevo nacimiento y la creación de un pueblo hecho de nuevo a la imagen de Dios, los profetas vacilaron. No pudieron entenderlo. Se trataba simplemente
de un asunto de realidad histórica, de magnífico entendimiento
espiritual, y no lo captaron. Por tanto, profetizaron acerca de
otros, incluidos ellos mismos, por supuesto, pero eso no era lo
que había en sus mentes en ese momento. Estaban profetizando
para el futuro, y murieron sin haber recibido la promesa; pero
las profecías se perpetuaron por inspiración divina y mediante
traducción según las tenemos hoy día en nuestra Biblia.

Esos hombres oyeron la voz del Espíritu hablando dentro
de ellos, y vocearon lo que oyeron. Como profetas podían pro-
fetizar; pero como individuos debían examinar e indagar. Me
pregunto: ¿Qué indagaron? ¿Investigaron algunos otros escritos
proféticos? ¿Escudriñaron sus propios corazones? ¿O buscaron
en el sentido de lo que las Escrituras afirman: «Buscad, y halla-
reis»? Pedro no expresa específicamente qué se debe buscar, y
estoy seguro de que todo predicador y maestro tiene su propia
interpretación sobre este tema.

Es usual que en la Palabra de Dios exista un sinnúmero de
aplicaciones de un pasaje, de tal modo que si alguien dice que
significa esto, y alguien más afirma que significa aquello, y otros
tres aseguran algún otro significado, no se están contradiciendo
unos a otros; simplemente están complementando las interpretaciones de cada uno. No tengo objeción a varias interpretaciones
provistas, siempre que no se diga: «Acepte mi interpretación o lo
descarto». Esta forma de pensar es demasiado estrecha y legalista.

Los profetas predijeron asuntos futuros; es una verdad
maravillosa y también curiosa que informaran sobre aspectos
que ni ellos mismos entendieron.

Una verdad excepcional

La verdad excepcional es aquella de la que no se dice mucho directamente en el Antiguo Testamento ni en el Nuevo, pero aquí en 1 Pedro 1:10-12 se declara sin rodeos en lenguaje inconfundible. Los profetas del Antiguo Testamento tenían el Espíritu de Cristo, pero la palabra «tenían» no es suficiente, porque el apóstol dice: «El Espíritu de Cristo que estaba en ellos». Observe que la preposición es «en».

Esto destruye lo que algunas personas llaman la interpretación geográfica del Espíritu Santo. Yo la llamaría la interpretación preposicional del Espíritu Santo. También hay quienes se enfocan mucho en las palabras «sobre», «con» y «en». Afirman que el Espíritu Santo estaba «sobre» los santos del Antiguo Testamento pero no «en» ellos. Que estuvo «con» los apóstoles antes de Pentecostés pero no «en» ni «sobre» estos; que después de Pentecostés el Espíritu Santo entró «en» las personas. Eso hace que la predicación sea fácil, porque lo único que usted tiene que hacer es mirar las preposiciones en la Palabra de Dios y poner sobre ellas su pequeño comentario.

Nunca he podido creer que Dios jugara en el mercado y construyera su verdad con pequeños y curiosos bloques. No, la Biblia no nos dice eso, sino solo que el Espíritu Santo estaba «sobre» hombres. Pero aquí dice que estaba «en» ellos. Esa pequeña preposición «en» podría arruinar la teología de algunas personas que creen que los profetas y los santos del Antiguo Testamento nunca tuvieron el Espíritu Santo; que este solo estaba «sobre» ellos. Creen que Él vino y se les posó encima; que la paloma descendió sobre el tejado pero nunca entró al lugar de morada. Afirman que usted tiene que creer eso, de lo contrario no lo admitirán en el reducido campo de pensamiento que defienden. Pero en el Nuevo Testamento dice que Él estuvo «con ellos», y cita que Jesús declaró: «El Espíritu... mora con vosotros, y estará en vosotros», refiriéndose a sí mismo como la preposición «con», y luego cuando el Espíritu llegó en Pentecostés los llenó, y así el Espíritu estuvo «en ellos».

Creo que el Espíritu Santo estaba tanto «sobre» como «en» los profetas del Antiguo Testamento, y creo que Él viene sobre y en los cristianos del Nuevo Testamento. Creo que el Espíritu Santo estaba en los profetas del Antiguo Testamento, porque Pedro lo dice, y debo aceptar las palabras del apóstol a pesar de lo que digan los comentaristas.

Aquí existe una confusión sincera, y no quiero ser irónico al respecto, aunque me temo que se ha colado una cualidad irónica. Pero en relación a este asunto parece haber una confusión sincera por muchas razones.

Miremos más allá de lo simple y práctico

Primero, esto es el resultado de dejar que el elemento de curiosidad desplace al de sentido práctico. Si los maestros bíblicos solo pudieran recordar que «los santos hombres de Dios hablaron siendo inspirados por el Espíritu Santo» y nos entregaron verdad divinamente inspirada, y que en ningún momento remoto quisieron darnos algo para satisfacer nuestra curiosidad intelectual, esos maestros se darían cuenta de que los profetas desearon darnos verdad para transformar el espíritu y el alma, y generar en nosotros vida y fe santas. Ellos nunca tuvieron la intención de que jugáramos con sonajeros teológicos para entretenernos.

He asistido a conferencias bíblicas y he oído que maestros de muchas escuelas de interpretación religiosa cristiana dan la impresión de haber estado orgullosos de su habilidad de sacar verdades a la luz, tanto antiguas como nuevas, y particularmente nuevas. Y después de haber resuelto su debate de la interpretación simple y ordinaria del asunto, estos maestros ofrecieron alguna interpretación curiosa. Han disfrutado la teología desde un punto de vista curioso.

Creo que este tipo de cuestiones nos llevarán por mal camino. Tan pronto como aceptamos la doctrina o la idea de que la Biblia es un libro de juguetes teológicos para que afectuosos sujetos santurrones jueguen con ellos, hemos perdido el propósito de las Escrituras y enfrentamos el peligro de colarnos dentro de una falsa doctrina en poco tiempo. La Biblia no nos fue dada para satisfacer nuestra curiosidad, sino para santificar nuestra personalidad.

Imponer la interpretación

La segunda razón de que haya resultado esta confusión respecto a que el Espíritu Santo está «sobre», «en» y «con», y así sucesivamente, es el impulso carnal de interpretar el texto. Interpretar la Palabra de Verdad resulta en algo anémico y por lo general sangra hasta morir en las manos del hombre que lo hace, quien después lleva consigo un texto muerto que quiere imponer sobre todo el mundo. El deseo carnal de «interpretar» surge de orgullo intelectual. Y a eso es lo que llamamos esforzarse demasiado.

Al tratar de entender las Escrituras, caemos en el grave peligro de forzar demasiado. Es raro que podamos ajustar nuestro cinturón en la última muesca, apretar los dientes, y expresar: «Voy a lograr esto». Dios no le ha dado mucho espacio al antiguo Adán. Le dijo adiós y manifestó que el fin de todo ser había llegado delante de él. A partir de ese momento y hasta hoy día Dios nunca ha puesto ninguna confianza en la carne.

Cuando los sacerdotes del Antiguo Testamento entraban al santuario santo para ofrecer sacrificios no usaban ropa de lana, porque esta les hacía sudar. Imagino a Dios diciéndole al sacerdocio judío: «No vayan a confundir ahora transpiración con inspiración. Su sudor humano no me glorificará; por tanto, usen ropa de lino para que puedan mantenerse frescos y servirme bíblica y espiritualmente pero también con tranquilidad y frescura. No crean que conseguirán algo por esforzarse más». Hay mucho de paganismo en trepar la escalera de Jacob con los nudillos blancos y los músculos fatigados. El Señor quiere eliminar todo eso y dejar que el Espíritu Santo se haga cargo.

Cuando Jesús sudó sangre en el huerto de Getsemaní, este fue otro asunto. No se trató del antiguo Adán esforzándose al extremo, sino del Espíritu Santo viniendo sobre un hombre hasta casi quemarlo. Fue el espíritu de oración obrando hasta casi matar al hombre. Creo en eso, pero también creo que los teólogos que presionan demasiado por lo general no ven el punto, porque no están relajados.

El mundo de los deportes nos brinda a menudo buenas ilustraciones de esto. Un joven bateador con un promedio de .300 a .325 de repente sufre un bajón y no es capaz de pegarle a una calabaza frente a la base. El bajón se debe a su falta de experiencia. Al elevar el bate se tensa y se esfuerza demasiado. Finalmente manifiesta: «¿De qué sirve...? No le podría pegar ni a un balón de básquetbol». De pronto comienza a golpear la pelota de nuevo porque no está tenso ni esforzándose en exceso. He conocido muchos santos que simplemente se están esforzando demasiado.

En una vigilia de Año Nuevo hace muchos años, un individuo muy piadoso se puso de pie, se agarró las manos, y en un ataque de determinación dinámica nos contó sus planes para el Año Nuevo y cómo iba a servir a Dios. Mi callado y santo amigo a mi lado me tocó el brazo y susurró: «El hermano Everett está apretando demasiado las cuerdas de su violín. No podrá aguantar el ritmo todo el año». La profecía resultó verídica.

Usted puede meterse de lleno en el empeño, y con fuerte determinación religiosa romperse los dientes y quedar con la cabeza lívida, pero no llegar a ninguna parte. En teología también se puede hacer lo mismo. La explicación más simple de cualquier texto es exactamente lo que este dice. Solo léalo, póngase de rodillas, y capte el significado más sencillo. Como Mark Twain citara sarcásticamente: «La mayoría de personas se preocupan por esos pasajes bíblicos que no entienden, pero los pasajes que a mí me preocupan son los que sí entiendo». A usted le llevará suficiente tiempo cumplir el texto que entiende, sin tener que buscar piadosamente por debajo de la superficie tratando de que aparezca algún significado esotérico que Dios nunca puso allí.

En cierta ocasión me hallaba predicando en la antigua iglesia del Dr. A. B. Simpson, The Gospel Tabernacle en la ciudad de Nueva York, al lado de Times Square. Dije simplemente como al pasar: «Los ángeles son espíritu puro y los animales son carne; pero el hombre, este ser maravilloso, es tanto espíritu como carne». Luego continué con algo más. Después se me acercó un hombre con el rostro como una máscara, mirada fría y semblante inexpresivo, y me preguntó: «¿Qué dijo usted respecto a que las bestias no tienen espíritu?».

Yo podría asegurar que este hombre había presentado ese argumento a todos los predicadores que visitaron Nueva York desde 1897. Me dijo: «¿No hizo Dios pacto con toda carne?». Entonces vi en qué me había metido. Al principio lo traté como un hermano y quise razonar con él. Finalmente vi que era inútil, y le dije: «Percibo, señor, que usted es un teólogo mecánico que está más preocupado de la letra que del espíritu. Yo adoro al Dios altísimo... ¡adiós!». Entonces lo dejé. El tipo regresó a todas las reuniones, pero ya no me molestó.

Este hombre había tomado de alguna parte la idea de que un perro tiene espíritu y de que cuando Dios hizo un pacto con Adán, incluyó al perro. Pero el asunto es toda una tontería y, aunque fuera cierta, no significa nada. ¿Qué me importan los caballos, las ovejas, los perros y los leones de montaña? Dios nunca me ordenó que fuera por el mundo y predicara el evangelio a mis caballos. Él murió por personas. Vino a buscar lo que se había perdido, y nosotros somos esos perdidos. Cuando el Señor vino a la tierra y se hizo carne, esta no fue la carne de la bestia, sino la del hombre; y un hombre es el que fue al Calvario, no un perro o un oso. Por tanto, si hay esperanza para las bestias, que la haya.

La simple verdad es que los profetas del Antiguo Testamento tenían el Espíritu de Jesús, y esa es una verdad muy excepcional. El Espíritu de Cristo que estaba en ellos, está aquí en la Biblia, y ellos prepararon al mundo para la llegada del Salvador porque se trataba del Salvador mismo en ellos. Era el Espíritu del Salvador en ellos profetizando, y presenciaron a Cristo en visión, símbolo y situación histórica, y en los escritos de los profetas. Esto explica por qué los cristianos aman el Antiguo Testamento.

Quizás usted se haya preguntado por qué le gusta el Antiguo Testamento cuando el Nuevo es su libro. Usted puede leer el Antiguo Testamento, marcarlo y amarlo, y sin embargo usted sabe que pertenece a una antigua dispensación y que el Nuevo Testamento es su libro. El Nuevo Testamento no es su libro más de lo que fue el Antiguo. Usted no puede separar uno del otro;

ambos son un todo orgánico; el Espíritu de Cristo estuvo en el Antiguo Testamento, y Cristo está en el Nuevo Testamento, y usted tiene lo uno y lo otro. Hay pasajes en el Antiguo Testamento que no se refieren a usted, y sin embargo siente afinidad por ellos. Lea el libro de Deuteronomio, que tiene que ver casi exclusivamente con Israel, y no obstante el corazón le arde, le salta y se regocija al leerlo; además usted marca pasajes y dice: «Me pregunto ¿por qué? ¿Por qué amo el Antiguo Testamento?». Porque el Espíritu de Cristo, que está en esos escritores, testificó; y usted, que ha nacido de nuevo, reconoce al mismo Espíritu que habita en su seno en cierta medida, al menos, y allí existe una afinidad. Es por eso que el Antiguo Testamento se debe leer y predicar hoy día.

Una verdad alentadora

La tercera es una verdad alentadora de que la redención es famosa en el cielo y fue famosa en la antigüedad, y que el plan de Dios para redimir a la especie caída despertó asombro y admiración entre los mismos ángeles, pues son aspectos que anhelan ver. No sé cuánto pudieron descubrir estos seres celestiales, pero en ellos se suscitó el deseo de conocer esta maravillosa redención de la humanidad.

¿Por qué los ángeles admiran tanto esta verdad? Creo que es por tres razones debido al ser que se ha de redimir. Si lográramos hacer que las personas vieran tres cosas acerca de sí mismas, creo que podríamos resolver muchos de nuestros problemas. La primera es ver qué criaturas tan maravillosas son; la segunda, qué criaturas totalmente pecadoras son; y la tercera, qué gran esperanza hay en Cristo. Si tomamos la actitud de que somos pecadores para luego comenzar a descender penosamente hasta el nivel de la ardilla y la rata, o si aceptamos la idea de que no somos pecadores y negamos haber pecado y nos enaltecemos, ambos conceptos son verdaderos.

Fuimos creados a imagen de Dios, y solo un poco inferior a los ángeles, y hemos de ser superiores a ellos. Eso es lo que éramos y lo que potencialmente somos. Pero sin el nuevo nacimiento, la redención, el perdón y la purificación, hallaremos nuestro lugar en ese infierno reservado para el diablo y sus ángeles caídos. Esas dos verdades no son contradictorias; son dos lados de la misma verdad. La humanidad fue creada a imagen de Dios, y por eso Él envió a su Hijo a morir por nosotros. En consecuencia, nadie debe pensar con desprecio de sí mismo, pero debe recordar cuán humilde, insignificante, pecador, desesperanzado y deshecho es delante de Dios.

Mantenemos en suspensión estos dos pensamientos de que aunque fuimos creados a imagen de Dios, manchamos nuestras almas, nos arruinamos y atrajimos juicio, infierno y muerte sobre nosotros. Entonces Dios, por amor a Cristo, nos salva, nos redime por obra y mérito ajeno, y restaura otra vez en nosotros la imagen de Dios, y un día estaremos un poco más alto de lo que antiguamente estuvimos en los lomos de nuestro padre Adán.

Esas son verdades maravillosas y alentadoras. Los ángeles están interesados en este ser maravilloso llamado hombre.

La segunda razón es la asombrosa misericordia de Dios. Si Él nos diera nuestro merecido, ninguno de nosotros viviría. Una mujer de expresión amable que haya pasado toda la vida cuidando hijos y después nietos, y viviendo lo mejor que podría vivir, estaría también en el infierno. Y el negociante honrado que nunca engañó en su vida, y que es recto, bueno, decente, y un ciudadano digno, también estaría en el mismo infierno. Todo el mundo por encima de la edad de responsabilidad pertenece allá, y cualquiera que lo niegue, irá a parar allí.

¡Ah, la asombrosa misericordia de Dios de que Él viniera a nosotros debido a lo que fuimos en Adán! Hechos a imagen de Dios, caímos más bajo y más lejos de lo que supusimos.

¡Ah, la gracia y la misericordia de Dios de que seríamos salvos! Por eso los ángeles permanecieron alerta y expresaron: «¿Cómo puede ser que tales criaturas sean tratadas de tal modo por parte del gran Dios que las amó?».

La tercera razón, y la más importante, es debido a Aquel (Jesucristo nuestro Señor) que nos rescataría. Podemos decir que nuestro cimiento está seguro al ver a esos ángeles mirando con asombro reverente y a aquellos profetas que predijeron desde que el mundo comenzó, preguntándose de qué trataba todo, soñando y esperando poder saber la respuesta. No se trata de una nueva religión; ni de la señora Eddy en medio de convulsiones; ni del Padre Divino con su vieja cabeza calva y sus ángeles y concubinas; ni de José A. Smith y sus curiosas planchas enterradas debajo de un manzano. Sin embargo, antes de que el mundo empezara, esto estaba en la mente de Dios. Antigua como el sol, y antes de que este ardiera en los cielos, la intención del Señor era redimirnos a usted y a mí. Los ángeles quisieron ver esto.

Un viejo santo de Dios a quien conocí llevó una vida más bien sencilla y se negó a expresar cosas que no fueran ciertas. A diferencia de él, muchos cristianos se jactan de que nunca han dudado. ¡Hipócritas! Ellos tienen dudas, pero no lo admiten. Este anciano hombre de Dios atestiguó en cierta ocasión: «Admito que a veces he tenido dudas. Escucho una discusión o alguien lanza una idea y me aturde un poco. Cuando he tenido tales dudas siempre me zambullo hasta el fondo y examino los cimientos de mi fe, y cada vez que lo he hecho he salido a la superficie cantando: "¡Cuán firme cimiento se ha dado a la fe, de Dios en su eterna Palabra de amor!"».

Cuán firme cimiento se ha dado a la fe
De Dios en su eterna Palabra de amor
¿Qué más Él pudiera en su libro añadir
Si todo a sus hijos lo ha dicho el Señor?
—John Rippon (1751-1836)
[Traducción de Vicente Mendoza, (1875-1955)]

El cristiano sabe que es salvo, aunque muchos aspectos acerca de su salvación estén más allá de su comprensión, pero no más allá de su confianza. La verdad a la que se aferra ha resistido siglos de ataque sin haber vacilado. Parado sobre este cimiento, el creyente nunca titubea con relación a su salvación, pero inclina la cabeza en humilde reconocimiento de la asombrosa gracia de Dios.

3

EL CRISTIANO ES RESCATADO DE UNA VANA MANERA DE VIVIR

Sabiendo que fuisteis rescatados de vuestra vana manera de vivir,
la cual recibisteis de vuestros padres, no con cosas corruptibles,
como oro o plata, sino con la sangre preciosa de Cristo,
como de un cordero sin mancha y sin contaminación.

1 Pedro 1:18-19

Pedro brinda este hermoso simbolismo de Jesucristo como un cordero... un cordero sacrificado. Afirma: «Fuisteis rescatados». «Rescatado» significa «liberado», no en el sentido de soltar las ligaduras de un individuo atado a un poste o soltar un caballo, sino liberado en el sentido de ser libre de atadura legal. Es el sentido en que un esclavo es liberado al ser declarado legalmente libre. Y Pedro expresa: «Fuisteis rescatados de vuestra vana manera de vivir».

Quienes insisten tan religiosamente en el texto, la letra y las sílabas, de la *Versión Reina-Valera* a veces deben escuchar a algunos predicadores que desenredan esta traducción para los oyentes modernos. Por ejemplo, «vana manera de vivir» no significa lo que quiere decir hoy día. Significa «vida sin sentido». Por tanto, lo que Pedro afirma es: «Sabiendo que fuisteis rescatados de vuestra vida sin sentido, no con cosas corruptibles, como oro o plata...».

Una vida sin sentido

Esta es una forma de vida moralmente insensata. Es la manera de vivir del pecador, pero Dios la llama vana, vacía. Es vana por varias razones.

No se piensa en Dios

La vida sin sentido del pecador es vana porque se niega a dar a Dios su lugar apropiado. Cualquier manera de vivir, cualquier actitud, cualquier ideología política, cualquier filosofía moral o especulativa, cualquier clase de pensamiento en cualquier esfera de corriente humana de vida, cualquier norma de moral adoptada o seguida por cualquier persona, por acomodada que sea, que no da a Dios su lugar adecuado, el mismísimo Señor Dios la declara sin sentido y vacía.

Las personas que nos rodean son insensatas. Los individuos que en algún momento salen a divertirse y luego al día siguiente padecen dolor de cabeza no es que eran tan malos, sino simplemente insensatos. Es ridículo tratar el cuerpo de ese modo. Ellos están haciendo algo moralmente absurdo porque no consideran a Dios. Ningún hombre que tiene en su pensamiento al Señor haría jamás bajar licor mortífero por la garganta. Por tanto, lo que esos individuos hacen es ilógico.

En sus esfuerzos por evangelizar, algunas personas intentan hacer que los pecadores se distingan de los demás en el sentido de hacerles entender cuán viciosos, bajos y malvados son. Eso no es cierto. Hay pecadores que sin duda perecerán y pasarán la eternidad en el infierno pero que son corteses, amables y caballerosos, y se consideraría un privilegio vivir cerca de ellos. Algunos son buenos vecinos, incluso respetados, pero están viviendo sin tener ni un solo pensamiento acerca de Dios. La manera de vivir que llevan no tiene sentido porque es una vida impía.

No se trata siempre de una manera de vivir moralmente baja, porque existen niveles de maldad. Pero es una forma que no considera a Dios, y la Biblia dice que es vana y que hace caso omiso de la razón, porque la justicia siempre tiene a la razón de su parte. Esa fue una de las enseñanzas de Platón, que todo hombre desea razonablemente hacer lo correcto, solo que comete errores al decidir cuáles son las cosas adecuadas. Hacer caso omiso de la razón fue uno de los principios básicos del gran pensador griego. Por supuesto que él estaba considerando a las personas de buen juicio, pero las grandes masas no piensan demasiado. La razón siempre está en el lado de la justicia.

Cuando se trata de si debo hacer algo de un modo u otro, y el primero es equivocado pero el segundo es justo, la razón está siempre en el lado de la justicia. Siempre es ilógico hacer lo erróneo. Pedro afirmó que esa es una manera de vivir vana e ilógica, porque hace caso omiso de Dios y de la razón, y no tiene en cuenta las enseñanzas morales de la historia. Algunos individuos representan la historia como un viejo camarada con una pluma anticuada escribiendo lecciones.

Incluso la historia no siempre es exacta. Voltaire (1694-1778) manifestó en cierta ocasión: «La historia es una sarta de mentiras que decimos sobre los muertos». Esa fue una declaración cínica. Lo cierto es que se puede aprender mucho de la historia. Algo que podemos aprender es que siempre es mejor ser justos y siempre es peor ser malvados, vivir sin tener un pensamiento de

Dios en nuestras mentes. Hacer caso omiso del razonamiento moral es una vana manera de vivir.

No se piensa en un juicio final

La manera de vivir del pecador es también vana porque supone que no hay un juicio final. Es como el hombre que se sumerge en una actividad sin ser consciente o negándose a pensar en que algún día tendrá que pagar. O como el hombre o la mujer que bailan hasta el amanecer y luego se hartan de estimulantes, siguen bailando hasta el siguiente amanecer, se azotan y se maltratan. Estos sujetos están teniendo cierta clase de diversión pero son insensatos porque no consideran que haya un día de juicio final. Habrá un momento en que la iracunda madre naturaleza dirá: «Paga».

La manera de vivir del insensato es vana porque no cree que haya un ajuste final de cuentas o, si lo cree, lo desprecia tontamente, suponiendo que simplemente morirá sin pasar por un juicio final y una rendición de cuentas. Pero no es así.

No se piensa en el mundo real e invisible

La manera de vivir del pecador es vana porque supone que el hombre es un ser de un solo mundo. Si hay algo de lo que estoy convencido es de que el ser humano vive en dos planos: este mundo y el de lo alto, el físico y el espiritual, el natural y el divino. El hombre no está hecho solo para un mundo, sino para dos. Está hecho para este mundo ahora y para el siguiente después. La manera de vivir del pecador da por sentada esta vida y no espera enfrentarse al otro mundo. Este individuo bromea respecto a que este mundo es demasiado terrible porque no se puede salir vivo de él; eso es muy trágico si consideramos que existe otro mundo, pero los pecadores actúan como si no lo hubiera.

El cristiano es sabio porque ha considerado el segundo mundo. Es sabio porque tiene en cuenta que debe pasar por un ajuste de cuentas. Es sabio porque ha tomado en cuenta las lecciones morales de la historia. No ha hecho caso omiso de la razón, sino que le ha dado a Dios su espacio correcto, dejándose corregir por recuerdos y conocimientos de cómo otros vivieron y de cómo pagaron por su manera errónea de vivir.

Examinados por la tradición

Pedro afirma que esta manera de vivir se recibe por tradición de parte de nuestros padres, y el poder de esta forma de vida sobre nosotros se deriva de dos fuentes. Una de ellas es la aprobación de los siglos. Tendemos a creer que lo que nuestros padres hicieron es correcto.

Cuando yo era un joven predicador en Virginia Occidental, predicaba contra el tabaco. Aún lo odio como en ese entonces, pero tengo suficiente sentido común para saber que aquello solo es una costra en el cuerpo de la moral. Así que no predico contra el tabaco, aunque lo deteste. Pero en esa época yo atacaba todas las cosas que no parecían buenas, y el tabaco era una de ellas. Solía decir a las personas que se ensuciaban si lo usaban y que no podían ser cristianas. ¿Sabe usted la reacción a esa clase de predicación? Rostros pálidos por la ira. «¿Pretende usted decirme que mi anciano padre, que fumó y mascó tabaco hasta la muerte, y mi abuela, que fumó en pipa de cerámica hasta la muerte, perecieron totalmente?».

Estas personas estaban santificando las costumbres de sus antepasados, y se hallaban en el extremo frío de un pitillo ardiendo, que es fumar, porque les gustaba el sabor, pero principalmente porque lo recibieron como tradición de parte de sus padres. Aquello era santificado por generación tras generación de quemadores de incienso, y no querían que yo dijera una palabra al respecto. No por el bien de ellos, sino porque fumar parecía estar reflejando la tradición de sus padres. Aprendí la lección, y ahora predico a Cristo.

Las personas justificarán cualquier cosa si sus padres lo hacían. Pedro dijo que usted recibió esta manera de vivir por tradiciones de parte de su padre.

Lo que viene de forma natural

La segunda fuente de la que se deriva esta manera de vivir, o más bien de la que se alimenta, es la que concuerda con las tendencias caídas del corazón humano. Siempre hacemos sin mucho problema lo que concuerda con las tendencias del corazón humano.

Si usted hace lo que viene de manera natural, estará siguiendo el camino de la carne; estará haciendo lo que está fuera de las funciones corporales normales, porque existe cierta naturalidad física básica que hasta Jesús tuvo. Es perfectamente natural comer; es perfectamente natural dormir, etc. Pero me estoy refiriendo a cierta clase inmoral de vida que se deriva de la naturaleza caída, y que es fácil de realizar.

Por ejemplo, para un niño es fácil mentir. Recuerdo mi primera mentira, qué fácil fue, y cómo me sacó de un aprieto. Era Navidad, y mi pobre madre, Dios bendiga su recuerdo, trataba de conseguir algo para nosotros sus hijos, aunque fuera una bola de palomitas de maíz. Esta vez ella encontró una navaja Barlow. Yo obtuve una navaja Barlow, y pensé que era maravillosa. Cuando llegó el momento de volver a la escuela mis compañeros me rodearon y me preguntaron qué me habían regalado en Navidad. Me sentí apenado de decirles que me dieron una navaja Barlow, y nada más. Por tanto, usé mi imaginación y me ingenié el más precioso conjunto de regalos navideños de los que usted haya oído, y salí de una vergonzosa situación diciendo una mentira.

Eso vino de modo natural; no tuve que esforzarme. Lo único que tuve que hacer fue abrir la boca, y la naturaleza siguió su curso. Debido a que tenemos esas tendencias caídas, la vana manera de vivir es fácil para nosotros. Siempre es difícil enseñar a un niño a ser bueno; déjelo solo y no será bueno.

Usted dice: «Pero mi querido bebé es bueno por naturaleza». Pues se va a sorprender uno de estos días. Su desilusión viene; su querido bebé es una de las bestias salvajes de Adán. Y si usted no le enseña a ser bueno, él nunca lo será. Si usted no le enseña a asearse, él estará tan sucio que usted deberá fumigarlo una vez por semana. Y si usted no le enseña a decir la verdad, él mentirá al ritmo de la música. Somos parecidos en aspectos como esos, y la razón de que su bebé sea bueno es que usted es bueno y le está enseñando a serlo. No se equivoque, los niños no heredan ninguna bondad; usted les enseña; y el mérito es de usted, no de ellos. A su vez, por la gracia de Dios, enseñamos a la siguiente generación a ser buena.

A las personas se les tiene que enseñar a ser buenas, ya que si no se les enseña serán malas, porque por tradición todos recibimos la maldad de nuestros padres, lo que concuerda con las tendencias caídas de nuestro corazón. El comerciante honrado que dirige sus asuntos en forma honorable está haciendo lo que ha aprendido a hacer. Lo natural para él sería estirar la mano y embolsar todo lo que pudiera agarrar. Pero, por medio de la religión y los principios morales, ha sido entrenado y enseñado a ser diferente.

Desenredados de una vida de pecado

Somos libres de esta caída manera de vivir; somos rescatados. El cristiano ha sido liberado de esta forma de vida y del magnetismo moral de esos enredos.

Un hombre habló una vez de unas cuantas ovejas que murieron en pleno invierno en el río Niágara. Algunas de ellas habían muerto río arriba al caer o ser arrojadas a la corriente. Hacía mucho frío, pero las tempestuosas aguas no se congelaron, y llevaron a las ovejas muertas hacia las cataratas. Antes de que estas cayeran por los saltos de agua, las águilas llegaron, se zambulleron, montaron en esos cadáveres, y les desgarraron la carne. Una gran águila tras otra volaba río arriba, caía sobre una oveja, la destrozaba con las garras, hundía el gran pico afilado, obtenía un bocado de carne, y lo tragaba. Luego cuando las ovejas estaban a punto de caer por las cataratas las águilas saltaban con gracia sobre sus amplias alas y repetían la acción una y otra vez.

El clima se enfrió más, y un águila cometió una equivocación. Montó un poco más la última vez, y las garras se le helaron dentro de la lana. Cuando con plena confianza en sí misma extendió las enormes alas para tomar vuelo, las garras se encontraban congeladas en la lana de la oveja, y el ave se dirigió a la muerte junto con el cadáver que la había estado alimentando. Si alguien le hubiera podido desenredar las garras de la lana, este habría sido un acto bondadoso de redención, una liberación.

Dios ha provisto una liberación moral de la tradición de nuestros padres: la vana manera de vivir que vemos a todo nuestro alrededor. Esto se ha logrado por el acto de Dios en la redención, que implica el pago de un rescate para el futuro. No se trata de un cautiverio físico, aunque tiene implicaciones físicas para los pecadores, pero es legal en aspectos morales. El valor del rescate debía ser un precio de rescate moral. Tenía que ser la sangre del Santo, suficientemente santa para que Dios la aceptara. Por tanto, el precio moral fue pagado, y Pedro expresa: «No con cosas corruptibles, como oro o plata». Si yo fuera un esclavo en un mercado en algún lugar de Arabia o del Antiguo Sur, y valiera $200 o $5.000, dependiendo de mi edad, contexto y habilidad, alguien podría venir con un bolsillo lleno de oro y comprarme para luego liberarme. Yo sería comprado con dinero, con oro o plata. Pero cuando la esclavitud no es física sino moral, es imposible comprar esclavos morales con dinero.

Por eso Pedro dijo: «Fuisteis rescatados... no con cosas corruptibles, como oro o plata, sino con la sangre preciosa de Cristo». Esa sangre del Cordero es preciosa debido a lo que significa para Dios, y a lo que significa y significó para nuestro Señor Jesucristo, el hombre inmortal que se ofreció a morir. Dios no usa palabras a la ligera, y llamó preciosa a la sangre del Cordero. Y esta es preciosa debido a lo que hizo por los hombres.

Dos individuos viajaban por las montañas y quedaron atrapados en medio de una tormenta repentina. La temperatura cayó por debajo de cero y la ventisca comenzó a arreciar. Un hombre, por bien abrigado que esté, simplemente puede morir allí. Se duerme esperando descansar para no volver a despertar.

Así que estos dos individuos viajaban juntos cuando la temperatura descendió de manera súbita. Hacía tanto frío que se hizo cruel y peligroso. Hallaron un pequeño refugio bajo una ligera depresión en la roca y se miraron.

—Unas pocas horas más en medio de esta situación y estamos acabados —manifestó uno de ellos.

—Así es —asintió el otro—, estamos acabados; no podemos soportar esto; nos encontrarán muertos aquí por la mañana.

—Pues bien —replicó el primero—. ¿Crees que podríamos hacer una hoguera?

—Intentémoslo —contestó el compañero.

Entonces con dedos entumecidos reunieron a toda prisa algunas ramas y hojas bajo la saliente roca, y amontonaron algunas pequeñas virutas de madera, luego agarraron los fósforos, que eran muy pocos y valiosos. Un cerilla tras otra se apagó con el viento. Los hombres se juntaron y ahuecaron las manos, hicieron todo lo que hacen los leñadores, pero el viento apagaba un fósforo tras otro. El último se apagó y no había fuego.

—¿Crees que podríamos encontrar un fósforo en alguna parte en nuestra ropa? —preguntó uno de los hombres.

Así que buscaron. Nada en este bolsillo. Nada en ese; nada aquí. Los dos buscaron, pero no hallaron nada.

Finalmente, en el borde de uno de los abrigos, uno de los hombres sintió algo pequeño y un poco duro, no muy largo.

—Me pregunto si...

Entonces rasgó el borde con un cuchillo y encontró un fósforo como de un tercio del tamaño del que debía ser, pero tenía cabeza.

—¿Sabes qué es lo más valioso que hay en el mundo? —inquirió levantando en la mano el pequeño fósforo de un tercio de tamaño.

—Sí —respondió su compañero de aventura—, ese fósforo.

—Si aguanta y enciende, viviremos. Si falla y no se enciende, moriremos.

Redoblaron sus esfuerzos, frotaron la cerilla, y de repente brotó una llama. Se encendió el borde irregular de una hoja, luego otra y otra, después las virutas, luego las ramas, a continuación la madera. Pronto tuvieron una hermosa fogata. Los

48

equipos de búsqueda que los encontraron días después pudieron hallarlos debido a que esa preciosa cabeza de fosforito encendió un fuego que los salvó de una muerte segura.

Para salvarnos de la muerte a usted y a mí se había intentado todo. Toda clase de sacrificio, todo tipo de práctica ascética y de autoinmolación, pero todo se apagaba con el viento moral. No obstante, hubo un hombre que anduvo en Galilea y tuvo en sus venas solo una pequeña cantidad de sangre. El ser humano de tamaño promedio posiblemente tiene un galón y medio de sangre. No era mucho en el gran charco de sangre humana, pero si esta no funcionaba habríamos perecido. Pero funcionó: la sangre de Jesucristo, el Hijo de Dios, limpió de todo pecado y, hasta donde sabemos, estamos redimidos no con oro ni plata, sino con esa preciosa sangre de Jesucristo.

Me pregunto cuántos sabemos lo valiosa que es la sangre que alabamos. Pero es solo a través de la preciosidad de la sangre que cualquiera de nosotros es capaz de ser considerado completamente digno por el buen ojo de Dios, y es solo ese conocimiento lo que me brinda valor para hablar acerca de esta sangre sagrada. Por tanto no digo: «Usted debería arrepentirse», sino: «Deberíamos arrepentirnos».

Si la sangre nos hubiera fallado, habríamos muerto. Pero Dios resucitó a Jesús de los muertos, lo colocó a su diestra, agarró esa preciosa sangre y la roció sobre el trono de juicio, el cual ahora es un trono de misericordia.

4

LA ESPERANZA DEL CRISTIANO FRENTE A TODA OTRA ESPERANZA

Sino con la sangre preciosa de Cristo, como de un
cordero sin mancha y sin contaminación, ya destinado
desde antes de la fundación del mundo, pero manifestado
en los postreros tiempos por amor de vosotros.

1 Pedro 1:19-20

Estos versículos de 1 Pedro son una joya bajada directamente del cielo como el lienzo para el apóstol, y son tan aplicables a cualquier grupo de cristianos en cualquier parte del mundo como lo son a este grupo a quien Pedro escribe. Los versículos encajarían en las necesidades eternas de una iglesia en Corea o entre los zulúes, los indios de Sudamérica, o los judíos o gentiles de todo el mundo, porque no tratan de una verdad puntual, sino de una intemporal. El pasaje habla solamente de tres personas: Dios, Cristo y nosotros.

Como protestante en un Estados Unidos libre, tengo también libertad de hablar de cualquier tema del que me sienta capacitado de analizar. Podría dialogar acerca de arte, por ejemplo. Podría ponerme al tanto en la biblioteca y hablar extensamente acerca de arte, o quizás de literatura. Me gusta hablar de

John Milton porque lo disfruté mucho en mis años juveniles. No podría hablar de música. Podría ofrecer mis mal informadas opiniones sobre política y acontecimientos mundiales; y supongo que, si soy cuidadoso y usted tiene mucha paciencia, podríamos obtener algún beneficio de mi empeño.

Sin embargo, no me importa decirle ahora que me encuentro embelesado por algo que creo que es nada menos que una pincelada divina. La eternidad está cada vez más ante mis ojos mientras oro, e incluso mientras pienso en temas religiosos. Me obsesiona una idea que se ha convertido en un pensamiento opresivo: la tierra está envejeciendo y el juicio se acerca, y solo un guiño del ojo de Dios la limpiará de todo lo que ahora vive en ella.

Todos se imaginan que son muy importantes en el esquema cósmico. Pero solo un guiño del ojo de Dios, el movimiento de una de sus pestañas, y todos los que ahora vivimos (los más importantes, los anónimos y los totalmente desconocidos) seguiremos la ruta de la tierra. Ni una sola de estas cosas que ahora son tan trascendentes importará. Todo aquel que vive en el planeta estará por muy corto tiempo en aterrador silencio, y verá exhibido ante sí el expediente de su vida. Desaparecerá todo lo que nos diferencia: raza, color, dinero o nivel social.

Dios no verá nuestros diplomas, nuestras cuentas bancarias, ni el color de nuestra piel, sino que nos mirará únicamente como seres humanos, creados a su imagen, habiendo pecado y después habiendo sido redimidos, y con aquella redención a nuestra disposición; pero el hecho de que seamos salvos o no dependerá de nosotros.

Esta esperanza de redención siempre está sobre mí como trasfondo para todo lo que digo, condicionando y determinando el tono y también la clase de material que elijo.

Nuestro predestinado Salvador

Pedro expresa que Cristo, el Cordero, fue destinado desde antes de la fundación del mundo. La expresión «fundación del mundo» puede significar traer a la existencia cosas creadas u ordenar las grandes fuerzas salvajes dentro de un universo establecido. O puede significar ambas cosas. A veces quiere decir una o la otra, dependiendo del contexto. En ocasiones significa las dos; algunas veces no se sabe qué significa.

Pero antes de que Dios creara tiempo, espacio, materia y ley para formar lo que llamamos el mundo, Jesucristo fue conocido de antemano y predestinado. En el principio, Dios tomó las vastas fuerzas salvajes que se mueven a través de sus mundos y las ordenó en un universo. Fue como si un relojero tomara las piezas de un reloj, todas esparcidas sobre la mesa, y mediante su conocimiento y habilidad las organizara de tal modo que, todas compactas y hermosas en una caja, dieran la hora del día hasta con fracción de segundos. De igual manera, Dios tomó esas vastas fuerzas y esta materia sin límites que había formado, y dentro del marco de espacio y tiempo las ordenó en el mundo. Antes de esto, Cristo era nuestro Salvador predestinado.

Dios no se apresuró en aplicar primeros auxilios cuando el hombre pecó. A veces en nuestra búsqueda de una afirmación directa nos olvidamos y damos la impresión de que cuando el hombre pecó, Dios buscó un remedio. Esto no fue así. Antes de que el hombre pecara, ya se había provisto el remedio. Antes de que el paraíso se perdiera, el paraíso ya se había recuperado. Puesto que Cristo fue crucificado antes de la fundación del mundo y en la mente y el propósito de Dios, Cristo ya había muerto antes de su nacimiento. En el propósito divino, Cristo ya había muerto antes de la creación de Adán. En el propósito y el plan de Dios, el mundo ya se había redimido incluso antes de ser creado. El paraíso que se perdió no motivó a Dios a tomar alguna acción angustiosa para traer redención, sino que la pérdida del paraíso estaba prevista antes de que el mundo y el paraíso existieran. Dios ya había predestinado y previsto al Cordero sin mancha ni contaminación, y este propósito en la eternidad estaba en la mente de Dios.

Aquel, sin espacio ni tiempo, en el espacio y el tiempo

Este acontecimiento predestinado se manifestó en el tiempo. Fue predeterminado antes del tiempo, pero se manifestó en el tiempo. Es decir, el hombre pecó en tiempo y espacio, y por consiguiente el Eterno vino al tiempo y al espacio para deshacer lo que se había hecho en espacio y tiempo por medio de un hombre, que había sido puro en espíritu. Puesto que había criaturas que pecaron en la carne, Dios mismo se hizo carne para poder acabar con lo que estaba destruyendo a la raza humana. Así que el Sin Espacio vino al espacio, y el Eterno vino al tiempo; y Aquel que es puro espíritu sobre la materia tomó para sí un cuerpo material y vino para que el pecado del hombre, cometido en un cuerpo material, se pudiera redimir por medio de Jesucristo también en un cuerpo material.

Da la impresión de que esto pudiera ser simplemente una repetición de la verdad ya conocida. Si alguna vez perdemos la capacidad de reflexionar en esto estaremos en grave necesidad de analizarnos y de tener un avivamiento espiritual. Si alguna vez usted pierde el asombro del corazón solo al oír estas palabras: «Cristo, destinado desde antes de la fundación del mundo, pero manifestado en los postreros tiempos por amor de nosotros», si esas palabras dejan alguna vez de conmoverlo, entonces usted tiene el corazón endurecido.

San Bernardo de Claraval fue un santo y maestro piadoso en la Francia medieval. Tuvo un discípulo en quien pensaba mucho y al cual enseñaba, oraba por él y le ayudaba. El discípulo, que superó a su maestro, llegó a convertirse en el papa Eugenio III.

Claraval le escribió una carta diciéndole: «Podrás ser papa, pero no creas que eso me afecta. El amor no sabe de cargos ni se puede conmover por la posición de algún hombre. El motivo de que te escriba es que cuando te conocí tenías un corazón ardiente y servías a Dios. Ahora tienes un gran trabajo, todo el mundo te rodea, y tienes mucho que hacer. Lo que temo es que tu corazón se endurezca. Si quieres saber qué es un corazón duro, no me lo preguntes, pregúntale a Faraón, él lo sabe. El mismo hecho de que creas que no tienes un corazón duro es suficiente evidencia de que ya lo tienes».

Agradecería a cualquier hombre que me recordara que es totalmente posible que alguien que en los primeros días caminó humildemente con otros, desarrolle un corazón duro a causa de una posición elevada. Este antiguo santo de Dios vio lo que estaba ocurriendo y advirtió a su joven discípulo. Si estas sencillas y antiguas declaraciones convencionales de verdad bíblica no lo conmueven a usted, o no le afectan interiormente en algún grado cuando las oye, entonces es hora de que reconsidere con mucho cuidado su posición y escudriñe su propio corazón para ver si quizás eso ya ha tenido lugar. La dureza de corazón, de la cual habló Bernardo de Claraval, quizá ya se apoderó de usted y requiere en gran manera que le preste atención si usted de forma indolente está seguro de que esto no ha tenido lugar.

Me gustan esas palabras en 1 Pedro 1:20: «Por amor de vosotros». ¿Cuál fue el propósito de todo eso? Bueno, fue «por nosotros». ¿Por qué nació Jesús? «Por nosotros». ¿Por qué murió? «Por nosotros». ¿Por qué resucitó? «Por nosotros». ¿Por qué está a la diestra de Dios? «Por nosotros». ¿Y por quién está él haciendo intercesión ahora? «Por nosotros».

En el servicio público, trato de ser digno y no avergonzar a las personas con intimidades, pero cuando estoy con Dios, no titubeo para nada en volverme tan íntimo como mi fe lo permite. Cuando llegamos a las palabras «por amor de vosotros», no dudo en escribir exactamente eso en mi Biblia. Al revisar algunas de mis antiguas Biblias que se desgastaron tanto que debí dejar de usarlas, encuentro algunas anotaciones que casi me avergüenzan ahora por la simplicidad y la intimidad que yo mismo puse allí.

Nunca olvidaré la primera oración que hice en público. Asistí a una cena de la iglesia y me pidieron que orara. Nunca antes había orado en público, así que me puse de pie y manifesté: «Señor, bendice a los misioneros. Amén». Esa fue mi primera oración en público. Supongo que una gran cantidad de personas oran de modo tan general como esa oración. No le dije a Dios qué misioneros ni pedí algo en particular. Solo me estaba saliendo de un apuro. Es posible pensar acerca de la redención como algo tan general, que no haya nada particular en ella. Repito, usted puede llegar a ser tan general que nadie conseguirá nada bueno de ello.

«Vosotros» es un pronombre, por supuesto, que ocupa el lugar de un sustantivo, y ese sustantivo es usted. Si usted simplemente pone allí su nombre, este lo representará a usted mismo. Así que todo esto de la predestinación, todo esto del propósito divino antes del tiempo, de esta venida al mundo del Cordero sin mancha, y del derramamiento de su preciosa sangre, todo fue hecho específicamente «por amor de usted». No es que no fuera hecho también para el mundo entero, pero fue hecho para usted. Algo puede ser para el mundo entero, sin que nadie se beneficie de ello. Por tanto, aunque creemos en la expiación universal de la sangre de Cristo, también creemos en una expiación específica, la que nos representa a usted y a mí. Nuestro nombre, nuestro número, nuestra talla. Nosotros mismos podemos identificar que esta expiación se realizó para nosotros.

En 1 Pedro 1:21 leemos: «Mediante el cual creéis en Dios». No puede haber verdadera fe en Dios aparte de Cristo. En el mundo, muchas personas creen en Dios. Esto se puede ver en los periódicos, en las revistas semanales, y en muchos de nuestros libros más vendidos. Muchísimos libros religiosos se han vuelto éxitos de librería y se venden hasta en farmacias. Los editores aseguran que algo nuevo y maravilloso está ocurriendo. Las personas se interesan en la religión. Una revista publicó el concepto de que el mundo se podía salvar por medio de la religión, y proporcionó varias religiones entre las cuales nombraba el cristianismo.

Si la Biblia es el libro de Dios, y Pedro fue el apóstol de Dios, y si este Nuevo Testamento está divinamente inspirado, entonces me veo obligado a concluir que la verdadera fe en Dios solo puede venir por medio de Cristo. Cualquier otra clase de fe en Dios, o de creencia relacionada con Dios, es ilógica, imperfecta, pervertida y muy a menudo errónea. Podemos conocer con certeza algunos aspectos de Dios. Podemos conocer su eterno poder y su deidad. Los indios estadounidenses de pie en la orilla del lago levantan los brazos al Gran Espíritu, evocando su ayuda en su jornada de cacería. Esa era de alguna manera un enfoque de Dios y era cierta clase de creencia. Thomas Edison tiene fama por afirmar que creía que Dios era fuerza, y que si lograra vivir lo suficiente creía poder inventar un instrumento bastante sensible para detectar a Dios. Esa era alguna clase de creencia en Dios.

Los deístas, como Voltaire y otros, creían en Dios como un gran director, pero no un gran personaje. Esa era alguna forma de creencia en Dios. Y los paganos en su ceguera tienen algún tipo de creencia en Dios. Al final, cualquier creencia en Dios es mejor que no creer en Él. Eso es discutible, pero al menos por el momento le doy a usted mi declaración provisional de que es mejor creer en Dios en forma vaga y sombría que no creer que Él exista.

De Él, por Él, y para Él son todas las cosas

Pero es mucho mejor afirmar: «Mediante el cual [Cristo] creéis en Dios» (1 P. 1:21). Usted cree en Dios no como un pagano, no como un indio estadounidense sobre la orilla del lago, no como un yogui que se mira la nariz y controla sus fuerzas corporales. Usted cree en Dios como Aquel que resucitó a Cristo de los muertos y le dio gloria. Encontrará lo que eso significa en Juan 17:24. Jesús expresó: «Padre, aquellos que me has dado, quiero que donde yo estoy, también ellos estén conmigo, para que vean mi gloria que me has dado; porque me has amado desde antes de la fundación del mundo». La gloria, que Dios le ha dado a Cristo desde antes de la fundación del mundo, la restauró para Él cuando lo resucitó de los muertos.

Pedro sigue diciendo: «Que vuestra fe y esperanza sean en Dios». Esperanza es una palabra hermosa pero también algo traicionera, ya que es posible disfrutar de una esperanza nula que no tiene fundamento. Por ejemplo, un condenado programado para morir el próximo viernes, un minuto después de medianoche, nunca cesa de esperar. Cree hasta el último momento que le conmutarán la sentencia o que le perdonarán. Con cada toque en la puerta de su celda los ojos le brillan con la esperanza de que esto signifique que el gobernador ha suspendido la sentencia, o que al menos ha dejado fuera el aguijón de la muerte. Pero el condenado morirá, convencido hasta el final de que tal vez no muera, especulando en una esperanza que le fallará. La esperanza de este hombre condenado es traicionera.

Más de una madre espera hasta el final que su hijo regrese, cuando todo el tiempo el muchacho ha estado tendido en el campo de batalla con el cuerpo físico ya en descomposición en algún rincón recóndito de un campo de batalla carbonizado. La esperanza de volver a ver a su hijo le falló; fue una esperanza traicionera, sin fundamento.

Me es imposible continuar aquí sin recordar la famosa y conmovedora ilustración de Lord Alfred Tennyson, relacionada con la jovencita que esperaba que su amante marinero regresara del mar. Ella sabía exactamente cuándo se suponía que él llegara a la cabaña y se vistió para la ocasión. Tennyson narra con delicada alegría cómo la mujer se puso delante del espejo, se miró desde todos los ángulos, y se dio ese último toquecito que ella sabía que a él le gustaba. El autor escribió: «La pobre muchacha no sabía que, después del naufragio, las olas habían arrastrado el cuerpo inerte de su amado».

La esperanza podría ser algo engañoso y traicionero, pero la verdadera fe nunca desilusiona porque está puesta en Dios, cimentada en su carácter, en sus promesas, en su pacto y en su juramento.

Una promesa, incluso un juramento ante los tribunales judiciales, solo vale según el carácter de quien la hace. El carácter tiene que estar allí antes de que pueda haber promesa, juramento y pacto, y las Escrituras dicen que Jesucristo el Cordero nos lleva a una fe en Dios de modo que nuestra esperanza pueda estar en Dios.

Si Dios es Dios, entonces nuestra esperanza es sólida. Y los cristianos podemos andar con la absoluta seguridad de que todo está bien porque tenemos a Dios respaldándonos: su juramento, su pacto, su sangre para ayudarnos en la avalancha abrumadora. Puesto que Dios no puede jurar por algún otro, juró por sí mismo.

La Roca sólida

Mi esperanza está basada en la sangre
de Cristo y su justicia; No confío en
las circunstancias, sino que descanso
completamente en el nombre de Jesús.
En Cristo, la roca sólida, estoy firme;
Todo lo demás es arena que se hunde.

—Edward Mote (1797-1874), "La Roca sólida", 293, *Himnario de adoración y servicio para la Iglesia, escuela y hogar* (Chicago: Hope, 1957).

5

DIFERENCIA FUNDAMENTAL ENTRE EL CREYENTE Y EL INCRÉDULO

Habiendo purificado vuestras almas por la obediencia a la verdad, mediante el Espíritu, para el amor fraternal no fingido, amaos unos a otros entrañablemente, de corazón puro.

1 PEDRO 1:22

Cuanto más conozco las Escrituras, más me satisface la lógica de la Biblia. Se mueve con magnífica precisión, y marcha como un ejército, esperando que usted se mueva con ella por medio del Espíritu Santo. A veces tendrá la libertad de hacer una divagación. Los escritos de Pablo están llenos de ellas. Los eruditos llaman elíptico al estilo del apóstol, el cual empieza diciendo algo, luego lo examina, ve algo más, pierde el hilo de su pensamiento, y sale diciendo algo mejor. Él deja la declaración de lo que intenta para que se deduzca por sus palabras precedentes.

Pedro hace lo mismo aquí en 1 Pedro 1:22. Cada vez que en la Biblia hay una afirmación completa, el pensamiento va siempre acompañado de una magnífica lógica. «Habiendo hecho esto» o «viendo que esto es verdadero para ustedes, por tanto, vean si algo más es cierto también».

La Biblia nunca entra directo al corazón con una orden, sino que antes da la razón para ella. El Nuevo Testamento siempre brinda razones bíblicas para lo que exige. No hay nada caprichoso acerca del Espíritu Santo. Hay orden imperiosa, pero esta siempre proviene de alguna razón sensata y lógica de por qué es perfectamente natural y correcta, y de por qué debe resolverse. Por eso Pedro declara: «Habiendo purificado vuestras almas... amaos».

La mayoría de las grandes religiones del mundo empiezan con lo externo. Es más, no logro pensar en alguna que no comience así. El punto de partida es por lo general la dieta, la vestimenta, las costumbres ascetas, o la celebración de días. Luego se espera que, mediante la realización de actos externos, estos puedan obrar de algún modo en el corazón. Empezando con los dedos, esperan llegar al corazón. Comenzando con los dedos de los pies, creen poder alcanzar el corazón. Esas son las religiones del mundo.

Si no fuera una tendencia demasiado importante, sería divertido ver en estos días a grupos tales como son los actores de Hollywood, artistas de discoteca, y otros más acudiendo en masa al yoga. Todo el mundo quiere ser yogui. Los yoguis, desde luego, son quienes comienzan por fuera y, mediante ciertas prácticas y posturas corporales, controlan la respiración. Después de tener la respiración bajo control dominan los pensamientos y lentamente llegan al hombre interior. Esperan cambiar y purificar sus almas mediante algo que hacen de modo externo.

Eso es exactamente contrario a las Escrituras. Empezar por fuera y luego llegar al centro es algo desconocido para el Nuevo Testamento. Esta era la diferencia entre nuestro Señor Jesucristo y los fariseos, quienes se preocupaban por lo exterior, mientras Jesús se especializaba en lo interior. Los fariseos creían que por practicar cosas externas podían cambiar su interior. Jesús conocía mejor las cosas y durante todo su ministerio desafió la posición de ellos. Él enseñó que era el corazón lo que importaba. Lo interno importa, y cuando lo interno está bien lo externo se alineará perfectamente. Esta es también la diferencia con las doctrinas modernistas y las religiones neoliberales. Comienzan con entrenamiento y dan demasiada importancia a la educación religiosa.

En el mejor de los casos, la educación religiosa es entrenar a hombres y mujeres para que piensen y actúen de modo correcto. Desde luego que no debemos desacreditarla sino más bien anhelarla. Pero sin el secreto y misterioso cambio interior, todo este cambio exterior, a la larga será solo un desperdicio.

Después de estudiar la Biblia, concluyo que la fe de Cristo empieza en el centro, en el corazón y la mente, y que obra en la conducta externa. Estoy seguro en concluir que si no se ha alcanzado el corazón, toda profesión religiosa es totalmente vana. Si se ha alcanzado el corazón, entonces la profesión religiosa cobra sentido. ¿No parece esto una trivialidad o un cliché religioso para que yo lo repita? Lo que se oye mucho del evangelista promedio, y tiene razón en eso, es que si no se ha cambiado internamente usted puede unirse a todas las iglesias en la ciudad, bautizarse por todas las formas conocidas, y celebrar todos los días festivos en el calendario cristiano y, aún así, estar perdido.

El alma está dentro del individuo, la esencia de la persona, que es lo que importa. Sin duda la palabra «alma» aquí puede indicar e intentar referirse al ser interior completo. Sinónimos para «alma» serían el «corazón» o las «riendas» del hombre, pero significa el hombre interior total, y es este hombre el que se ha purificado. Existe una purificación de la profunda vida interior que es necesaria antes de tener cualquier derecho a creer que nuestra profesión religiosa sea válida. Ahora bien, la pregunta es: ¿Cómo se purifica el hombre interior?

La verdad acerca de la purificación

Los hindúes practican la purificación del alma bañándose en el río Ganges, pero el problema es que lo único que consiguen es un baño exterior. Quienes han visto a la madre Ganges afirman que el baño no es gran cosa, porque madre Ganges es un río demasiado sucio para limpiar a alguien. No nos reímos de los hindúes ni los menospreciamos, por la sencilla razón de que ellos están tratando de hacer lo correcto. Están buscando lo bueno en la forma equivocada, y nunca lo alcanzarán, así como alguien podría comenzar a manejar hacia Detroit pero dirigir erróneamente su auto hacia Omaha. La persona podría incluso ser sincera en su dirección equivocada, y algunos podrían sonreír tranquilamente por dentro, recordando la vez en que hicieron lo mismo.

Un camionero contó un incidente que le ocurrió. El plan era que dos hombres se turnaran conduciendo el mismo camión. Había una litera donde uno dormía mientras el otro manejaba. De ese modo siempre había un chófer descansado. Este camionero estaba conduciendo en una ocasión mientras su compañero dormía en la pequeña litera detrás del chófer. Se dirigía al este, vio una estación de servicio, giró completamente haciendo una vuelta en U y estacionó. Llenó el camión con diesel, despertó a su compañero y dijo: «Es tu turno. Es hora de que conduzcas un rato». Se metió en la litera y se quedó dormido. Cuarenta kilómetros después, el nuevo conductor descubrió que su amigo había hecho un cambio de sentido.

El conductor era perfectamente sincero en sus esfuerzos, pero estaba totalmente equivocado. Iba en la dirección contraria, y debido al error debió conducir ochenta kilómetros extra.

Usted podría decir: «Pero él es un hombre bueno». Eso no cambia nada; el tipo estaba yendo por el camino equivocado.

«Pero él paga sus deudas y es fiel a su esposa». Eso no tiene nada que ver; el hombre viajaba en la dirección contraria y nunca habría llegado a la estación si seguía yendo en la dirección equivocada.

«Pero él es apuesto, y alguien con esa clase de cabello no se equivocaría». Sin embargo, cometió un error.

«Pero pertenece a la sociedad misionera y es miembro de la iglesia». No obstante, estaba yendo por el mal camino. Y no importa quién sea el que vaya por el mal camino, lo agradable que sea, o cuán espeso sea su cabello; si va por el camino equivocado, su personalidad no hará que vaya por el camino correcto.

A miles de individuos el diablo les ha girado el vehículo, y ellos no lo saben. Están pisando el acelerador hasta el fondo y la están pasando muy bien, imaginando que están yendo a donde quieren ir porque progresan bastante. Pero no están yendo en la dirección correcta. El yogui que logra controlar su respiración y que puede manipular adecuadamente los músculos abdominales, que se hipnotiza y concentra sus pensamientos, está progresando bien, pero está viajando en la dirección equivocada. Está suponiendo la validez de una doctrina errónea en relación a que el corazón se purifica comenzando por fuera. En lugar de eso, las Escrituras afirman que el corazón se purifica primero y todo lo demás viene después.

¿Cómo purificamos nuestro corazón? Obedeciendo la verdad.

La obediencia purifica la fe

No se asuste por la palabra «obediencia». Hoy por hoy no es popular, pero es una buena palabra: obedecer la verdad.

Hay dos lados de la purificación: obedecer y creer. Hechos 15:9 expresa: «Purificando [Dios] por la fe sus corazones». Y en nuestro texto Pedro afirma: «Habiendo purificado vuestras almas por la obediencia a la verdad». Por tanto, tenemos la fe y las obras. Una verdad es del texto de Pedro y la otra del Espíritu Santo en el libro de Hechos. Aquí es donde nuestros críticos vienen y señalan una aparente contradicción, pero no la hay.

Puedo ilustrar esto observando a la gaviota. Supongamos que alguien está haciendo un gran alegato sobre la hermosa ala derecha de esa ave.

—La gaviota tiene una de las alas derechas más graciosas que se hayan visto —explica la persona—. Obsérvenla mientras extiende esa ala derecha, la lleva hacia arriba y afuera, y la bate, en realidad es muy graciosa.

Un artista correría a traer su lápiz y bosquejaría la simetría y la belleza de esa ala. A partir de ahí enseñamos la validez del vuelo por el ala derecha de la gaviota.

—¿Han notado alguna vez el ala izquierda de la gaviota? —pregunta entonces alguien más—. Es sencillamente hermosa.

—Usted es un hereje y un legalista que se atreve a mencionar que la gaviota tiene ala izquierda —replica el primer individuo—. Vaya, toda nuestra iglesia está levantada sobre la doctrina del ala derecha.

—Escuchen esta discusión —interpela el crítico poniéndose de pie—; se están contradiciendo mutuamente.

No se puede tener una sin la otra

La afirmación de contradicción es ridícula, porque todo el mundo sabe que una gaviota no puede volar con una sola ala. Solamente aletearía en círculo y no despegaría del suelo. No existe una gaviota en ninguna parte del mundo que pueda volar con una sola ala. Daría vueltas y giraría en la otra dirección. Si tratara de volar con el ala derecha se iría hacia la izquierda; si intentara volar con el ala izquierda se iría hacia la derecha, pero estaría donde empezó después que terminara de aletear.

Este es el problema hoy día en nuestras iglesias. Tan pronto como usted se une a la iglesia le dan cinco funciones, se convierte en presidente de un comité, y se aleja. Las personas se desgastan aleteando el ala izquierda. Pero hábleles de un nuevo nacimiento, de la purificación interior, de una renovación del alma, y no saben qué les está diciendo.

—Nuestro grupo se especializa en alas izquierdas, y no creemos mucho en la actividad. Solo creemos en creer.

Pero si usted cree en la Biblia en vez de creer medias verdades, verá que cuando alguien expresa «Somos purificados por fe» y otro dice «Somos purificados por obedecer», no se están contradiciendo, sino que simplemente le estarán dando ambas alas del ave. La fe debe tener obras para no aletear en círculos. Y las obras deben tener fe para que no sean muertas. De modo que por las obras y la fe seguimos adelante.

A Hebreos 11 se le llama «el capítulo de la fe»; pero, ¿se ha dado cuenta de que también es el capítulo de las obras? «Por la fe Abel ofreció a Dios más excelente sacrificio que Caín» (v. 4). Lo ofreció por fe, pero lo hizo por obediencia a alguna revelación que Dios le había dado. «Por la fe Enoc fue traspuesto» (v. 5); pero también por obras agradó a Dios hasta que ya no estuvo más. «Por la fe Noé... preparó el arca» (v. 7), y la preparó mediante obras.

Se necesitó trabajo para construir el arca. Si Noé se hubiera sentado en un caballo de madera, hubiera amontonado la ropa a su lado, y hubiera dicho: «Solo estoy creyendo», nunca habría construido el arca. Pero llamó a sus carpinteros, extendió los planos, y se puso a trabajar.

—¿Piensas salvarte construyendo un arca? —habría dicho alguien al pasar—. No eres un cristiano del Nuevo Testamento; eres un legalista; estás mezclando obras con fe.

—No —pudo haber respondido Noé—. Estoy obedeciendo a mi fe haciendo lo que se me dijo.

Por tanto, Noé construyó un arca.

Sigamos la línea en el capítulo de la fe, Hebreos 11, hasta llegar a Abraham. «Por la fe Abraham... salió» (v. 8), pero salió por fe. Gedeón hizo cosas por fe, pero también las hizo mediante obras. En realidad se ciñó la espada y salió. Luego estuvieron Barac y Sansón. Sansón se pudo haber sentado ocioso, pudo haber mirado al cielo, y haber dicho: «Estoy creyendo», y los filisteos se le hubieran arremolinado alrededor. Pero él agarró la quijada de un asno y mató unos mil filisteos. Después estuvieron Jefté, David y Samuel, y así sucesivamente. Hebreos 11 no solo es un capítulo de fe, sino también un capítulo de obras. Dios nunca hizo todo un capítulo de un ala solamente. Puso la otra ala aunque esto no sea fácilmente visible.

Alguien podría cuestionar: «Eso es enseñar el poder de la naturaleza humana para hacer lo bueno». No, no es así, porque Pedro afirmó que es «mediante el Espíritu». Dios nunca ordena justicia sin darnos el poder para ser justos. Así que es por medio del Espíritu Santo. El verdadero cristiano, que ha sido renovado por dentro y que ha purificado su alma, no tiene confianza en la carne. Sabe que la carne no le llevará a ninguna parte. Sabe que las obras de la ley las podemos cumplir quienes caminamos en el Espíritu y no en la carne.

Amor verdadero

Pedro sigue diciendo: «Para el amor fraternal no fingido». ¿A qué lleva todo esto?

Las palabras «no fingido» son interesantes. En su mayor parte, la sociedad no regenerada finge su amor. Los políticos fingen su amor; besarán al bebé que usted tiene y hasta le besarán a usted la mano. Sonríen, visitan, viajan por ahí, hacen recorridos rápidos, ondean la bandera, citan a Lincoln, y todo por conseguir votos. Lo aman mucho a usted. Cuando lanzan sus discursos se refieren a usted con afecto baboso porque usted tiene el poder soberano de poner una X después de los nombres de ellos en la papeleta de votación.

A menudo pienso en cómo algunas de esas lúgubres lágrimas que los dirigentes sindicales derraman sobre los pobres, los explotados y los oprimidos son lágrimas de cocodrilo porque esos dirigentes reúnen personas, las convocan a la huelga, las engañan y las tratan como marionetas mientras se pasean montados en Cadillacs nuevos.

Los sindicatos son algo bueno si se manejan con cuidado. Siempre he creído eso. También creo que se pueden convertir en maldiciones cuando están en manos de tipos que únicamente afirman amar al público pero que, en realidad, aman sus bolsillos y su propio poder.

Luego está el vendedor. Un vendedor llega a su puerta después de averiguar el nombre suyo en la puerta vecina, y dice: «Sra. Jimenez, cuánto me alegro de verla». Él averiguó en la puerta de al lado quién es usted y preguntó por su familia. Entonces indaga: «¿Ya volvió Jaime de la guerra?», pero solamente porque desea venderle algo.

En su mayor parte, el mundo no regenerado finge su amor,

excepto para su propio círculo minúsculo. Pero el Espíritu implanta en nosotros verdadero amor. El amor no fingido de los hermanos en el Espíritu y el amor de un cristiano constituyen amor real.

Recuerdo una iglesia que visité hace años. Me acababa de sentar en la parte trasera y miraba directamente adelante, esperando que la reunión comenzara. Pronto el pastor se me acercó y me halagó servilmente. Usted habría creído que yo era el hermano gemelo de Eisenhower perdido por mucho tiempo. El hombre no sabía quién era yo, y me dijo: «Estoy muy contento de que hayas decidido buscarnos». Pero yo no los había buscado; solo había ido a la iglesia, y no acepté aquello porque era exagerado. Cuando usted me ama demasiado, usted me preocupa. Ámeme lo suficiente y todo estará bien. No me ame en absoluto y oraré por usted. Cuando se trata de amor servil, es amor fingido.

El Espíritu Santo nos brinda amor verdadero, el cual no siempre adula a su objeto. El amor verdadero a veces reprende. El libro más espectacular del Nuevo Testamento es la primera epístola de Juan. El apóstol del amor también pudo ejercitar la vara de modo más vigoroso que cualquier otro. Así que el amoroso Juan podía poner las cartas sobre la mesa cuando era necesario. Las Escrituras afirman: «Jehová al que ama castiga, como el padre al hijo a quien quiere» (Pr. 3:12).

«Amaos unos a otros» (1 P. 1:22). Evidentemente este amor no es una planta silvestre que crecerá por sí sola. Se encuentra allí en el corazón mediante una plantación divina, pero debe cultivarse. Los dientes de león crecen sin ser cultivados, pero al amor hay que cultivarlo. El corazón humano debe cultivarse; debemos trabajar en él. Debemos orar, escudriñar la Palabra, obedecer, creer y humillarnos. Debemos abrir nuestras mentes al Espíritu Santo que llega para poder cultivar el amor y ver que nos amamos unos a otros.

¿Cómo? «De corazón puro». Ninguna otra clase de corazón puede amar de manera pura; porque para que el corazón ame de forma pura debe amar sin egoísmo. El amor sin egoísmo no se aprovecha de su objeto ni pide nada a cambio. Eso es tan noble que el mundo moderno sabe poco o nada al respecto. Pero sale de un corazón puro.

Este amor verdadero se debe demostrar «entrañablemente». Dios detesta todo lo que es a medias; detesta a las personas de doble ánimo. Así que dijo: «Vosotros los de doble ánimo» (Stg. 4:8). Alguien de doble ánimo es a medias en un sentido y a medias en el otro. «El hombre de doble ánimo es inconstante en todos sus caminos» (Stg. 1:8). Dios detesta a los de doble ánimo y declara: «El que duda es semejante a la onda del mar, que es arrastrada por el viento... No piense, pues, quien tal haga, que recibirá cosa alguna del Señor» (vv. 6-7). Tenga usted alguna clase de ánimo. Decídase por uno, pero que sea de una sola clase. No permita que sea un ánimo dividido, porque eso es lo que significa de doble ánimo.

A algunas personas en el país se les llamaba cristianos de domingo. Su religión solo era una aventura dominical, y los demás se burlaban de ellos diciendo que colgaban la religión con el traje nuevo en el armario cuando llegaban a casa el domingo por la noche, y no se lo volvían a poner hasta la mañana del domingo siguiente. Eso es ser de doble ánimo. Dios aborrece el doble ánimo porque no es verdadero. Él afirmó que debemos amar entrañablemente de corazón puro. Amor entrañable, amor ardiente, amor ferviente. Dios dice: «Efraín se ha mezclado con los demás pueblos; Efraín fue torta no volteada» (Os. 7:8).

De niño me preparaban tortas de trigo sarraceno, y sé lo que es una torta no volteada. Está totalmente asada solo por un lado. El Señor detesta cosas medio asadas. Las quiere bien cocidas.

Luego Pedro habla acerca de ser tibio. ¿Está una botella medio llena de algo o medio vacía? ¿Es el agua tibia medio caliente o medio fría? ¿Es un cristiano a medias un medio pecador y un medio cristiano? No lo sé, pero sí sé esto: Dios erradicará todo esto. Él no tendrá nada que ver con medias tintas. ¿Dice Dios que debemos estar llenos de la plenitud de la mitad de Él? No. Si Dios dijera algo así, no sería Dios. Llenos de toda la plenitud de Dios, manifestó Él, no llenos de media plenitud. El Señor no tiene nada que ver con cosas medio llenas. Él nos da un día entero, no medio día; nos da una personalidad íntegra, no media personalidad; ánimo entero, no medio ánimo; salvación completa, no media salvación. Y Él espera que nuestro amor sea total, ferviente y no medio frío. «Por cuanto eres tibio, y no frío ni caliente, te vomitaré de mi boca» (Ap. 3:16).

Piensen en esto. Miren que sus almas se hayan purificado al creer la verdad mediante el Espíritu para una cosa: amar a los hermanos. Velen porque el amor actúe y porque se amen de veras unos a otros entrañablemente de corazón puro.

6

EL CRISTIANO PONE DE LADO CIERTAS COSAS

Desechando, pues, toda malicia, todo engaño, hipocresía, envidias, y todas las detracciones, desead, como niños recién nacidos, la leche espiritual no adulterada, para que por ella crezcáis para salvación, si es que habéis gustado la benignidad del Señor.

1 PEDRO 2:1-3

Muchas palabras no son más que rellenos. Son conjunciones, aunque los gramáticos no las llamarían así. Solo conectan; «pues», «por tanto», y expresiones similares están entre ellas. Pero cuando el Espíritu Santo usa «pues», «por tanto» o «mientras que», siempre debemos mirar lo que viene antes, porque «pues» significa debido a lo que ya se dijo.

«Desechando, pues, toda malicia... desead, como niños recién nacidos, la leche espiritual no adulterada». Tenemos la conexión ahí si ponemos atención a la palabra «como». Pedro afirma que hemos nacido de nuevo, un término biológico que tiene que ver con nacimiento, vida y organismos. No se trata de un término poético ni legal, sino de uno biológico. Pedro era seguidor de nuestro Salvador, y posiblemente estuvo presente cuando Él lo dijo en el magnífico tercer capítulo de Juan: «El que no naciere de nuevo, no puede ver el reino de Dios» (v. 3). Pedro recordó eso, y repitió: «Siendo renacidos, no de simiente corruptible, sino de incorruptible, por la palabra de Dios» (1 P. 1:23). Él enuncia aquí: «No de simiente corruptible, sino de incorruptible, por la palabra de Dios, que vive y permanece para siempre». Este nacimiento celestial contrasta con todos los demás nacimientos terrenales.

Hay una ciencia (si es que usted desea llamarla ciencia, o al menos un subtítulo debajo de ciencia) llamada «eugenesia». Un gran exponente de la eugenesia fue Albert E. Wiggim, el cual cuando era un hombre más joven y vigoroso escribió bastante acerca del tema. La eugenesia significa simplemente que aplicamos a la humanidad el mismo sistema que aplicamos al corral. Si un granjero quiere buen ganado, engendra de padres cada vez más selectos, y esta es la ciencia de la eugenesia.

La eugenesia fue muy fuerte durante un tiempo, pero luego se extinguió. Adolfo Hitler la tomó en serio y creyó en la súper raza. Incluso fue tan lejos como para declarar que ciertos hombres selectos deberían elegirse de entre la población para ser los padres de todas las generaciones. De esta manera, usted aumentaría su estirpe y acrecentaría el nivel, engendrando de especímenes de alta calidad. Esto es algo conocido para los granjeros, pero Hitler lo aplicó a la humanidad.

La ciencia de la eugenesia, aunque no tan burda como lo expresado, enseñaba sin embargo que debíamos elegir solamente esos padres y esas madres de entre la población general que tuvieran tal salud y tan buen semblante, que quisiéramos que engendraran las generaciones futuras. Por supuesto, eso significaba que cualquiera que tuviera algo «inadecuado» en cuanto a apariencia o salud, quedaría sin descendencia por ley. Así que eso es la eugenesia.

Pero demos incluso por sentado que eso pudiera suceder. Aunque a todos los hombres que midieran menos de un metro ochenta se les declarara legalmente célibes y se les prohibiera casarse, y toda mujer joven que tuviera algo malo con los ojos o cualquier otro defecto, sería obligada a quedarse sin hijos, y todos los futuros estadounidenses llegaran a ser prototipos perfectos, dos cosas resultarían ciertas de esos súper bebés: Se corromperían y finalmente morirían. «Corrupción» y «mortalidad» son dos palabras que el diablo puso en este mundo, y no podemos escapar de ellas. Se podría crear una raza de gigantes, pero después que siguieran su curso todos morirían, todos se corromperían.

El Espíritu Santo contrasta aquí el nacimiento de arriba con cualquier nacimiento de abajo, diciendo: «Siendo renacidos, no de simiente corruptible, sino de incorruptible, por la palabra de Dios que vive y permanece para siempre. Porque: Toda carne es como hierba, y toda la gloria del hombre [incluso la gloria de la eugenesia] como flor de la hierba. La hierba se seca, y la flor se cae; mas la palabra del Señor permanece para siempre» (1 P. 1:23-25). Es necesario que Dios ponga eternidad en algo. Se necesita que Él dispare el elemento básico de eternidad en algo, y si no lo hace, las dos palabras malditas se asentarán sobre ella: «Mortalidad» y «corrupción».

Trátese de una raza de personas sencillas como nosotros, o de una raza superior correspondiente a superhombres soñada por Nietzsche, Hitler o Wiggim, morirá en algún momento, porque está escrito: «Está establecido para los hombres que mueran una sola vez, y después de esto el juicio» (He. 9:27). Los padres más ricos en este mundo moderno, los mejor educados y aquellos con el coeficiente intelectual más elevado podrían sostener en sus brazos a un bebé que podría tener un futuro maravilloso, con buena salud e inteligencia, y con acceso a todas las oportunidades para el mejoramiento intelectual y cultural. Sin embargo, el Dios todopoderoso ha decretado: «El alma que pecare, esa morirá» (Ez. 18:4).

Los padres más cultos y sanos no pueden quitar del corazón de su bebé la palabra «muerte». Por mucho que lo amen, que lloren y que lo inunden con sus lágrimas, no pueden quitar la palabra «mortalidad» de la vida del bebé, porque la mortalidad y la corrupción permanecen. Estas siguen, como una sombra negra, a todo ser humano. Estas nubes gemelas, mortalidad y corrupción, reposan sobre el tocador perfumado de toda actriz de Hollywood. Descansan como nubes gemelas de fatalidad por encima de la silla de la Casa Blanca donde se sienta el presidente. Si solo pudiéramos ver, dondequiera que se encuentren seres humanos, distinguiríamos a estas dos nubes llorosas por encima de ellos. «Mortalidad» y «corrupción» son palabras que suenan bien, pero no dejan de significar «morir» y «pudrirse».

Palabras incorruptibles

Las palabras latinas tienen siempre una manera de resonar como una caja musical y expresan algunas cosas hermosas que sin embargo son terribles. Por tanto, los hombres mueren y se pudren, y el Espíritu Santo contrasta el nacimiento que muere y se descompone con el nacimiento que es incorruptible y nunca muere. ¡Gracias a Dios! «Siendo renacidos, no de simiente corruptible, sino de incorruptible, por la palabra de Dios que vive y permanece para siempre».

Debido a que esto es verdad, dejamos a un lado toda maldad, que es lo que significa aquí la palabra «malicia». He estudiado esto con mucho cuidado y he examinado las palabras, consultándolas y orando para poder comprender la verdad. He examinado la palabra «desechando» que Pedro usa en este versículo. ¿Qué quiere decir realmente el apóstol? El uso que él hace de esta expresión puede significar una de dos cosas: «Quitar y cambiar», como se hace con la ropa, o «limpiar la contaminación», como sería lavar una prenda.

Por tanto, lo que Pedro está diciendo es: erradicar la maldad «quitándola y arrojándola de usted», o «purgándose de toda malicia». Esto es algo que usted y yo podemos hacer. El cristianismo débil dice que no se puede hacer nada, pero la Palabra de Dios no está de acuerdo con eso. Si usted lee su Biblia, será lo suficientemente perspicaz para interpretar lo que Dios declara acerca de estos sujetos «que se dan por sentado». En «deseche», *usted* es el sujeto de la frase. Usted es quien activa el verbo. Usted es la persona que ejecuta la acción. Usted es el sujeto de la frase. Dios dice que esto es algo que podemos hacer.

Alguien podría cuestionar: «Sr. Tozer, ¿cómo puede un hombre limpiarse el corazón? ¿Cómo puede purgar su propia alma?». Yo podría preguntarle a usted cómo puede un hombre lavarse las manos. No puede hacerlo; solo puede exponer las manos al agua y al jabón, y estos harán la limpieza. Si no se expone al agua y al jabón no quedará limpio. Igual que un hombre queda limpio al lavarse las manos y sin embargo no puede lavarlas sin algo más, así el corazón del hombre es limpiado cuando se limpia a sí mismo, pero no puede limpiarse a sí mismo sin algo más.

No hay contradicción aquí, simplemente una cuestión de entender. Cuando usted dice a su hijo: «Juanito, lávate las manos antes de sentarte a cenar», el chico desaparece y vuelve pronto con las manos limpias. Poco antes, estas no habían estado tan limpias. Bueno, ¿se lavó Juanito las manos? No, y sí. Se las lavó poniéndolas en contacto con agua y jabón, los cuales hicieron la limpieza.

Dios dice al pecador: «Pecadores, limpiad las manos; y vosotros los de doble ánimo, purificad vuestros corazones» (Stg. 4:8). ¿Qué quiere decir? Antes de sentarse a la mesa del Padre, vaya y lávese las manos, y sin embargo el pecador no se las puede lavar. Ni toda el agua del mundo puede limpiarlo, solamente la sangre de Cristo puede hacerlo. ¿Por qué entonces se le ordena hacerlo? Por la misma razón que a un niño se le dice que vaya a lavarse. Hay agua que lo limpiará, pero si él no usa agua y jabón, sus manos seguirán sucias, y aunque se las frote solo frotará la suciedad.

Por eso, cuando quienes somos religiosos oímos la voz de Dios diciéndonos que desechemos toda impureza, nos apresuramos a ponerla a un lado y no vamos a donde está la sangre o la limpieza. Solamente la sangre de Jesucristo puede limpiarnos, pero si renunciamos a ir a esa sangre estaremos inmundos para siempre.

Desechemos toda impureza

He aquí lo que Dios dice que es aquello de lo que debemos limpiarnos, o quitarnos como ropa sucia: Debemos quitar de nosotros toda maldad. Maldad significa todo vicio, y vicio significa cualquier cosa que no sea virtud. Los liberales se hacen daño precisamente aquí.

A veces, cuando hablo con estudiantes, muevo la cabeza de lado a lado y me alejo sintiendo como si alguien me dijera: «Vete de delante del hombre necio, porque en él no hallarás labios de ciencia» (Pr. 14:7). En lugar de volverse de toda maldad, ellos preguntan: «¿Qué es maldad?» o «¿Qué es virtud?» Un cristiano sincero nunca debe hacer preguntas hipotéticas.

Un niño, hambriento como un par de osos, va directamente a la mesa, y le dicen: «Juanito, no puedes comer así; ve a lavarte». ¿Qué pensaría usted si él se detuviera y expresara: «Mamá, ¿me podrías definir qué es suciedad y qué quieres decir con eso?». De inmediato usted llevaría al muchacho al baño, ¿no es así? Sin embargo, a Dios lo tratamos igual. Él nos dijo: «Líbrense de todos sus vicios», pero escribimos libros para mostrar qué es vicio, y escribimos capítulos para mostrar qué es virtud, y cuando todo ha terminado estamos exactamente donde nos hallábamos antes.

Sócrates, el filósofo chato de Atenas de hace siglos, tenía un gran sentido del humor así como una mentalidad muy profunda; solía juntar a su alrededor a varios compañeros jóvenes y dar una caminata. Uno de esos sujetos jóvenes era Platón. Valdría la pena que usted se sentara por un momento a leer algunos de esos extensos diálogos de Platón. Constituyen las palabras y los hechos de Sócrates.

Uno de esos diálogos tenía que ver con la amistad. Ellos caminaban y hablaban, andaban, se sentaban y se levantaban, hablaban y caminaban un poco más, y todo el tiempo que andaban estaban hablando, y ¿de qué cree usted que hablaban? Hablaban de la amistad y se preguntaban qué es amistad. Alguien sugeriría que la amistad era esto, y otro diría que era algo más. Entonces Sócrates entraría tranquilamente en acción, devastaría ese argumento, y mostraría que esa no era amistad del todo. Y cuando habían terminado con el tema y estaban agotados y hambrientos, aún no habían llegado a ninguna conclusión. Sócrates reía y decía a los jóvenes estudiantes que le rodeaban: «¿No es asombroso que seamos tan buenos amigos y sin embargo no sepamos qué es la amistad?». Todos eran buenos amigos del filósofo, pero ninguno sabía la definición de amistad.

Es perfectamente posible que un hombre erradique todo vicio y dedique su vida a cultivar santas virtudes, y que no sepa filosóficamente qué es vicio y virtud. No es necesario saberlo. Todo cristiano nacido de nuevo conoce la virtud y el vicio por la luz de la conciencia y la clara iluminación de las Escrituras. La luz de la conciencia, si no está degradada por la mala educación, nos podría decir qué es vicio y qué es virtud; y lo sabremos si sometemos nuestra conciencia a la búsqueda disciplinada de las Escrituras. Sabremos qué es correcto y qué es erróneo para nosotros, sin conocer de manera filosófica la definición de correcto o erróneo.

Yo podría agregar junto con Sócrates que es maravilloso lo santo que puede llegar a ser un individuo sin que él sepa qué es la santidad. Por tanto se dice: «Abandone todo vicio». No discuta al respecto, solo abandónelo.

Erradique todo engaño

Luego Pedro pide desechar todo engaño. La palabra «engaño» viene de un cazador que con cebo atrapa un ave. Pero tomemos el ejemplo de un ratón.

Todo ratón cree por unos terribles segundos que la dueña de casa lo adora porque le pone un festín de queso por delante, y a él le encanta el queso. Supongamos que a dos ratones filósofos se les ve rondando por la cocina de camino a algún lugar, discutiendo la mala opinión que han tenido de la dueña, y luego ven este fabuloso y suculento festín de oloroso queso esperándolos allí.

—Juzgamos mal a esta mujer —diría uno de ellos—, la señora realmente se acuerda de nosotros, que Dios la bendiga. Hasta nos puso un poco de comida.

—Observa ese queso —manifestaría el otro si fuera tan sabio como debería ser—. Yo conozco a esa dama, y sin duda no puso ante ti una comida sino una carnada. Esta no es comida, es un cebo.

—He juzgado mal a toda la especie humana —diría el testarudo—. Ya que esto fue colocado para mí.

¡Zas! Y todo acaba para ese ratón. Al día siguiente lo recogen, una víctima más de su propia credulidad.

«Engaño» es la palabra bíblica para «carnada de ratones»: «Desechar todo engaño». En otras palabras, no poner una cosa por otra con el fin de engañar a alguien, sino ser exactamente lo que uno es. ¿No es maravilloso eso? Tan práctico que constituye buen sentido.

Los fariseos fueron los individuos más astutos de todos en la historia, ya que le hacían una pregunta a Jesús y luego seguían con otra, ocultando por debajo el cebo todo el tiempo para poder atrapar algo que saliera de la boca del Maestro. Sin embargo, Jesús usó las palabras de ellos para atraparlos. Los fariseos ponían la trampa delante del Salvador, pero él nunca cayó en ella.

El cristiano nunca debe decir una cosa para querer decir otra. Ni debe querer decir otra cosa cuando dice algo; y nunca debe engañar ni tener doble discurso, sino que siempre debe ser lo que es y querer decir lo que dice.

Los cuáqueros reaccionaron violentamente ante el discurso descuidado de su época entre cristianos, y exageraron tanto que ni siquiera usaban las palabras señor, señora, maestro o maestra. Decían: «No sabemos si él es un maestro, sencillamente le llamaremos Juan». Debido a que los cuáqueros no creían en dar títulos que pudieran mal informar, ni siquiera decían «ustedes» porque eso era plural; decían «tú» o «vos» en lugar de «ustedes», porque según ellos «él» no se refiere a dos personas sino una.

Llevaron eso tan lejos que significó ser esclavos de las palabras. Nunca deberíamos caer en la esclavitud a las palabras, sino que estas deberían significar exactamente lo que decimos. Es totalmente posible para los cristianos caer en la esclavitud del lenguaje y en lo que alguien llamó la «tiranía de las palabras».

La hipocresía se encuentra cerca del engaño, pero no es lo mismo. Hipocresía es actuar con el carácter de otro, fingir ser lo que no somos o fingir no ser lo que somos. Un verdadero cristiano nunca oculta nada porque no necesita ocultar nada. Si hay algo en su vida que usted deba esconder, entonces no está viviendo la clase de vida que debería estar viviendo. Ningún cristiano, si está bien con Dios, debería alguna vez ocultar algo en su vida.

Eso no significa que yo deba publicar cuánto pago del impuesto sobre la renta o que deba contarle a todo el mundo las embarazosas intimidades que son parte de cualquier vida humana. Ese es otro asunto. Significa más bien, en cuanto a conducta moral se refiere, que no hay nada que ocultar. No sea hipócrita, pero sea exactamente lo que usted es. No finja ser lo que no es, y no finja no ser lo que es.

Deshágase de toda envidia

Busqué la palabra «envidia» en uno de los mejores comentarios en el mundo; precisamente un buen diccionario antiguo. Llegué a la palabra «envidia» y me pregunté qué dijo Noah Webster acerca de ella. He aquí lo que dijo. Aunque nos podría hacer retorcer a algunos, esto es lo que afirmó: «envidia, disgusto, mortificación, descontento o malestar al ver la excelencia o buena fortuna de otra persona». Es cuando usted ve a alguien más teniendo excelencia o buena fortuna, y se siente inquieto, descontento, mortificado o disgustado. Eso se llama envidia.

Podría ser que a alguien le pidan tocar un solo en la reunión de la iglesia, y otro solista lo vea y sienta brotar de inmediato dentro de él disgusto, descontento y malestar. Un hombre recibe una invitación a una iglesia grande y otros miembros de la junta sienten contrariedad, desagrado e intranquilidad. Un sujeto adquiere un auto grande y otro siente disgusto, mortificación y molestia, y así sucesivamente a través de todas las ramificaciones de la vida humana. Envidia es sentir descontento cuando algún otro recibe elogios.

He observado que la envidia nunca cruza una línea. Un hombre es pintor, otro pianista; el pintor oye que elogian al pianista sin un murmullo de descontento. Solo puede unirse al elogio. No le importa, porque él es un pintor, y el pianista está fuera de su campo. Pero si otro pintor es elogiado en su presencia es muy probable que sienta que surgen emociones de descontento, disgusto e inquietud porque la persona elogiada está en su campo. Usted puede elogiar hasta el cielo a un político, y eso no molesta a un cantante, pero si elogia a otro cantante el sujeto se podría retorcer. La incomodidad aparece cuando a alguien en nuestro campo de interés le dan un lugar que a nosotros no nos han dado.

El Espíritu Santo dice que nos deshagamos de todo eso. ¿Qué va usted a hacer al respecto? ¿Qué va hacer con la suciedad del corazón? Expóngala ante la sangre del Cordero y al poder del Espíritu Santo.

Deseche toda maledicencia

A menudo pienso en el humor sabio que tiene el idioma español. La palabra «chisme» constituye, por supuesto, maledicencia. Un chisme se define como algo que difama, desprecia y murmura. Separemos esas palabras y analicémoslas un poco.

Veamos primero el verbo «difamar». Fama, desde luego, es una alta reputación que alguien tiene, y luego alguien llega y lo difama. Acaba de cortar los cuernos, descuerna esa fama y entonces tenemos el verbo «difamar». Esa es una palabra casi cómica y sin embargo cuán terrible es que haya personas que no pueden permitir que se hable bien de otra en presencia de ellas. Dirán algo como: «Bueno, eso es cierto, pero», y luego empiezan a denigrar al individuo. Por tanto un difamador es alguien que destruye la fama de otros.

Después viene la palabra «despreciar». Habla de un individuo que es grande, y llega otro y lo menosprecia. Nada avasalla más a una persona que ser rebajada por unos matones. Incluso entre cristianos hay aquellos que se gozan tremendamente en humillar a otros. Ven que alguien trata de hacer algo —tal vez estén un poco llenos de sí mismos— y se sienten obligados a tomar a esa persona y menospreciarla todo lo posible. Sin duda algunos individuos necesitan un poco de desprecio, ¡pero ay de quien se toma esa responsabilidad para sí!

Luego está el verbo «murmurar». Siempre he creído que Dios debe haber tenido algo que ver con la creación de esa palabra. «Murmurar» significa morder por la espalda. Si usted trata de morder a alguien por delante primero debe enfrentar ojos furiosos y dos puños; pero es bastante seguro morder por detrás, así que murmuramos por detrás.

Estoy seguro de que si la iglesia típica sacara a los envidiosos, difamadores y murmuradores, habría un avivamiento de la noche a la mañana. Murmuramos, difamamos, menospreciamos y envidiamos, y después piadosamente culpamos de nuestros problemas a los liberales y modernistas. Ningún liberal o modernista causa problemas a una iglesia evangélica típica. Ambos morirían porque el ambiente les parece demasiado extraño. Lleve a un modernista a una iglesia evangélica y déjelo suelto por un rato, y pronto buscará esconderse porque el ambiente no es propicio para el modernismo. El sujeto no podría vivir en ese ambiente porque lo encuentra extraño.

No podemos culpar a los modernistas por el estado en que nos hallamos espiritualmente. Debemos culparnos porque somos culpables de engaño, hipocresía, envidia, difamación, menosprecio y murmuración.

Palabras por medio de las cuales crecer

Pedro concluye el versículo 2 con las palabras: «Desead, como niños recién nacidos, la leche espiritual no adulterada, para que por ella crezcáis». Los pecados que describe el apóstol son como las enfermedades infantiles que retardan el crecimiento y amenazan la vida. Dijo que los desechemos y sanemos, para luego proceder a vivir por la leche pura de la Palabra. La expresión traducida «no adulterada» es un tanto difícil. Pedro utilizó una palabra griega. Tenemos la expresión «no adulterada» en nuestra versión Reina-Valera 1960, y los traductores han tenido dificultades con ella. Otras versiones la traducen «pura».

Un estudiante y traductor se topó con esta expresión y dio la mejor explicación que he oído alguna vez: «Pura» se podía aplicar a la leche. Mientras el hombre estaba de visita en Atenas,

Grecia, observó que por la calle venía un vagón de leche arrastrado por un burro, y en el costado del vagón había un letrero escrito en griego. Al ser estudiante de este idioma, podía leerlo. El letrero decía: «Compañía tal y cual, solamente vendemos leche pura». El estudiante captó el mensaje al instante. Supo lo que esto significaba: Leche sin adulterar. No había agua extra en esta leche.

Eso es lo que Pedro quiso decir cuando usó la antigua palabra griega. Expresó: «Aliméntense con la Palabra de Dios no adulterada». Sin haberle agregado agua. Sin diluirla. Es decir, dejar que la Palabra de Dios nos diga todo lo que dice. Sin escoger solamente los versículos alegres. Sería sorprendente repasar algunas biblias y descubrir cómo subrayamos solamente los versículos que transmiten alegría.

De vuelta al antiguo Israel, dos grupos se levantaron en dos diferentes montes y dijeron «amén» a la lectura de las Escrituras. En una montaña estaba un grupo y en otra el otro grupo. El anciano hombre de Dios leería todas las bendiciones y su grupo exclamaría: «Amén». Luego leería las maldiciones, y los de la otra montaña expresarían: «Amén». Después leería algunas bendiciones más y el primer grupo gritaría: «Amén». Entonces leería algunas maldiciones más, y el segundo grupo declararía: «Amén». Ellos tomaron toda la Palabra de Dios, tanto las bendiciones como las maldiciones, tanto la amonestación como el aliento, tanto los azotes como el consuelo, la tomaron toda.

Nosotros también debemos tomar toda la Palabra sin contaminarla con nada. «Desead... la leche espiritual no adulterada, para que por ella crezcáis para salvación». Nuestro crecimiento debe ser por medio de la Palabra, y esta será la proporción exacta para la dieta que seguimos.

A veces he tenido ocasión de aconsejar a un reincidente. Yo podría afirmar que este es un caso raro, pero cuando un individuo ha recaído y acude a mí, por lo general sigue el mismo patrón.

—Ya no puedo orar; me estoy volviendo negligente en la forma en que vivo; ya no me importa ir a la iglesia —expresa.

—¿Lees las Escrituras? —pregunto generalmente.

—No, ya no, no tanto como solía hacerlo —es su respuesta casi siempre.

Ese es el problema. El niño que no lee la leche pura de la Palabra se debilita y decae. Si nos alejamos de la Palabra podemos esperar que todo tipo de sufrimiento se apodere de nosotros; pero la Palabra no adulterada de Dios nos ayudará y nos fortalecerá. Así que debemos comer la Palabra y obedecerla, y como resultado de eso creceremos.

7

El cristianismo: Una experiencia, no un experimento

Si es que habéis gustado la benignidad del Señor.
Acercándoos a él, piedra viva, desechada ciertamente
por los hombres, mas para Dios escogida y preciosa, vosotros
también, como piedras vivas, sed edificados como casa
espiritual y sacerdocio santo, para ofrecer sacrificios
espirituales aceptables a Dios por medio de Jesucristo.
1 Pedro 2:3-5

Un error que las personas cometen al llegar a la Biblia es suponer que debido a que algo es verdad, automáticamente es una verdad que se aplica a ellas. Que si está en la Biblia, eso es verdad para ellas. Pero la suposición no necesariamente es así. Pedro condiciona la verdad acerca de nosotros con la palabrita «si», y declara: «Si es que ustedes la han probado, lo que yo diga de ahora en adelante se aplica a ustedes; pero si no la han probado, antes de ir más lejos ustedes deben volver y probar».

Lo maravilloso del cristianismo del Nuevo Testamento es que «hemos gustado la buena palabra de Dios y los poderes del siglo venidero. Hemos gustado la benignidad del Señor».

Quiero que la palabra «gustar» signifique lo que quiere decir en la Biblia y no lo que significa cuando probamos algo. Probar es degustar algo poniéndolo en la lengua, como una mujer que prueba lo que cocina para ver si tiene suficiente sal. Supongo que esto es algo común, pero no es lo que la Biblia quiere decir en cuanto a gustar algo para ver si está bien sin ninguna intención de comerlo; quizá nunca se vaya a comer eso, pero al menos se sabe cómo es.

Esto no es lo que la Biblia quiere decir. Solo tenemos que mirar el significado original para descubrir que la palabra «gustar» aquí significa experiencia vivida a fin de que algo pueda ser verdadero para nosotros y lo sea eternamente. Es necesario experimentarlo; es necesario vivirlo. Esa misma palabra se usa respecto a nuestro Salvador en el libro de Hebreos: «Vemos a aquel que fue hecho un poco menor que los ángeles, a Jesús, coronado de gloria y de honra, a causa del padecimiento de la muerte, para que por la gracia de Dios gustase la muerte por todos» (He. 2:9).

Aquellos que enseñan la doctrina de degustación deben prestar un poco de atención a esto. Si la palabra «gustar» en el Nuevo Testamento significa saborear con la lengua para ver si algo nos gusta o no, entonces eso es lo único que Jesús hizo con la muerte. Porque la misma palabra se usó en relación a que Él gustó la muerte por todo ser humano. El término «gustar» aquí no significa catar, ni probar tocando ligeramente, sino haber experimentado, vivido, encontrado, atravesado algo, y eso es exactamente lo que le ocurrió a nuestro Señor cuando murió en la cruz. Él no probó la muerte para ver si le gustaba y si se atrevía a seguir adelante. Se arrojó temerariamente y se entregó a la muerte, y la experimentó en el más amplio sentido de la palabra.

El regalo y el Dador no se pueden separar

Estos creyentes no solo habían experimentado la gracia de Dios, sino la realidad de que el Señor era benigno. Donde hay una diferencia debemos notarla y también distinguir las cosas que difieren en el lenguaje de Pedro. Él no afirma: «Si es que habéis gustado la gracia de Dios», sino «si es que habéis gustado la benignidad del Señor». Hay diferencia entre probar o gustar, o incluso experimentar la Palabra o la gracia de Dios, y experimentar al Dios benigno.

Nunca debemos separar el regalo de la fuente, el regalo del Dador. No debemos decir: «Tengo perdón», sino «Dios ha perdonado». No debemos decir: «Tengo vida eterna», sino: «Dios me ha dado vida eterna, y Cristo es mi vida». Lo importante es que Dios nunca se separa de sus regalos. En todo lo que Él da, no puede menos que darse a sí mismo. Si un hombre ha sido perdonado, lo que le ha sucedido es que el Dios perdonador lo ha tocado. El Señor lo ha perdonado, eso es cierto, pero es Dios el que importa más que el perdón. Si un individuo tiene vida eterna es porque pudo conocer a Jesucristo. Esa palabra «conocer» significa otra vez «experiencia». Debemos tener cuidado de no separar los regalos de Dios del propio Dios.

Lo malo con los cristianos de hoy día es que tienen los regalos de Dios pero han olvidado al Dios de los regalos. Hay una diferencia entre experiencia espiritual noble, fuerte, vigorosa y satisfactoria y la otra clase de experiencia espiritual, la cual toma los regalos de Dios pero se olvida del Dador.

Un ejemplo de esta falta de nobleza se encuentra en los Evangelios donde diez leprosos acudieron a Jesús y fueron sanados y liberados de la lepra. Ahora eran diez hombres sanos, y con este nuevo regalo de salud, todos se alejaron. Nueve de ellos siguieron adelante, satisfechos con el regalo de la salud. Pero sucedió que el décimo se acordó que había recibido el regalo del Dador, y regresó humildemente y le dio las gracias al Señor Jesucristo, el cual expresó con tristeza: «Y los nueve, ¿dónde están?». Los otros quedaron satisfechos con el regalo, pero solo uno regresó para conocer mejor al Dador.

G. Campbell Morgan declaró en cierta ocasión: «En nuestra predicación del evangelio nunca debemos ofrecer paz a los hombres. En nuestra predicación del evangelio nunca debemos brindar a los hombres reposo de su conciencia. No debemos ofrecerles nada que sea de corta vida». Estoy totalmente de acuerdo con Morgan. Nunca se debe separar del Dador ningún regalo que se ofrece a los hombres.

En nuestra oración egoísta llegamos ante Dios con una larga lista para pedirle que haga esto, aquello y esto más, y si Él contesta nuestras oraciones, entonces tachamos las peticiones y continuamos con la siguiente lista. Simplemente me parece muy triste para el corazón de Dios que lo usemos para nuestra conveniencia. Pienso que el Señor Jesús debe estar muy apesadumbrado en momentos en que ve al pueblo que redimió más preocupado con la redención que con el Redentor; en que su pueblo perdonado esté más ocupado del perdón que del Perdonador; en que su pueblo vivo a quien Él concedió vida esté más interesado en la vida que en el Dador de vida. En nuestra predicación y enseñanza, y en la experiencia personal, debemos hacer un decidido regreso a Dios mismo, a la persona del Señor. Es más, no estoy seguro, pero podemos condensar todo lo que deseamos en frases que empiecen con la palabra «Dios» o que tengan a Dios en alguna parte. Dios es, Dios está presente, Dios ama, la Palabra de Dios, Espíritu Santo de Dios, el Mesías de Dios. Todo pertenece, empieza, termina y continúa con Dios.

Cuatro cosas que se pueden decir acerca de estos cristianos

Pedro quiso decir: «Si es que habéis gustado la benignidad de Dios, la experiencia ha sido con el Señor misericordioso que está por venir». Esto era verdad para sus lectores como lo es para todos los verdaderos cristianos en todas partes. Voy a dar cuatro expresiones en la descripción del apóstol: Ellos «salieron de», se «alejaron», se «juntaron» y «llegaron a». Tal vez no en ese orden, y no lo hicieron al mismo tiempo, pero pudieron haber llegado a eso uno o dos a la vez. En conjunto, estas cuatro cosas se pueden decir de estos cristianos.

Primero, ellos «salieron del» mundo. Intentamos llevar el mundo al interior de la iglesia, santificarlo, bautizarlo, ungirlo y esconder sus calaveras y sus huesos. Debe haber una salida. Cualquier cristianismo, por ortodoxo que pudiera parecer, que no pone énfasis en la doctrina de salir del mundo, es inadecuado e imperfecto.

Después de la expresión «salir de» tenemos «alejarse de». Ellos se alejaron de la antigua vida, cualquiera que pudiera haber sido. Alejarse tiene distintos significados para diferentes personas. Pero sea lo que sea, cuando llegamos a Jesucristo con el fin de gustar la buena gracia de Dios y que el Señor es benigno, debe haber un abandono de la antigua vida. Luego, de manera natural, hay una «llegada a» Cristo. Eso, después de todo, es de lo que trata el evangelio: cómo llegar a Cristo.

Después está el hecho de «juntarse»; es decir, ellos están

uniéndose unos con otros. Al unirnos a Cristo nos unimos unos a otros, y cuanto más nos acercamos a Cristo, más cerca estamos unos de otros. La manera de unir a los cristianos no es formar alguna clase de frente político unido, sino acercarlos a Jesús. Si hubiera algo al frente de la iglesia, alguna curiosa exhibición misionera a la que yo deseara que usted se acercara, lo invitaría a que la viera. Al acercarse, usted estaría junto a otros. Cuanto más se acercara, más unido estaría usted con otros hasta que finalmente se tocarían hombro a hombro y usted estaría empujando para unirse con otros a fin de ver esta exhibición.

Cuando llegamos a Cristo, automáticamente llegamos unos a otros. Por eso nunca he podido comprender esta actitud ermitaña monástica: la idea de estar a solas a fin de ser cristiano, excluyéndose de todos los demás. Existe esta clase individuos. Son antisociales o más bien asociales en carácter, a quienes no les gusta la comunión de los santos.

Si usted está donde se halla Jesús, está rodeado por el pueblo de Jesús; por tanto, debemos hacer de la comunión de la iglesia lo más grande en nuestras vidas. Me gustaría decir aquí, a riesgo de herir a alguien, que lo importante en el mundo de hoy es la presencia de una entidad espiritual invisible llamada Iglesia, y que el Espíritu Santo nunca obra fuera de esa entidad. Obra a través de esa entidad en una u otra manera. Por eso, soy un hombre de iglesia.

Una nación sagrada

Por consiguiente, tenemos cuatro frases: Ellos «salieron del mundo», «se alejaron de la antigua vida», «llegaron a Cristo», y «se unieron en relación unos con otros». Pedro dijo que llegamos a Cristo acercándonos a Él, «piedra viva». Esta es una figura bíblica frecuente, esta piedra o roca como a veces se le llama, y casi invariablemente se refiere a un edificio. Creo que podría haber unos pocos lugares en que David dijera «una gran roca escarpada donde él se oculta». Pero en su mayor parte la figura tiene que ver con la construcción; y debido a que los judíos eran un pueblo consciente de Dios, sus pensamientos volaban hacia el edificio de un templo. La nación judía, por encima de todas las naciones del mundo, era una nación consciente de Dios.

Estados Unidos no es una nación consciente de Dios; somos un pueblo secular. Tenemos lo que la Biblia llama una mente profana. E incluso en aquellos que podrían dar a Dios una oportunidad cuando hacen un discurso político para conseguir los votos de un pueblo de mente religiosa, si usted investiga lo suficiente descubrirá que nuestro liderazgo se compone de un pueblo de mentalidad secular. No uso esta idea en un sentido equivocado, sino en el sentido de que Esaú tenía una mentalidad secular. Este mundo era el punto de interés para ese hombre, y eso también está bien para nosotros, siempre que tengamos otro interés más alto. Pero Esaú no tenía ese interés más alto, y la nación estadounidense tampoco lo tiene mucho; sin embargo, Israel lo tenía. Israel en realidad no tenía nada más. Israel no tenía leyes civiles en absoluto.

Hubo una época en Inglaterra en que se establecieron dos clases de leyes: eclesiásticas y civiles. Durante muchos siglos, a una persona se le podía juzgar ante la ley civil para luego soltarlo y juzgarlo ante la ley eclesiástica. La iglesia podía juzgar a un hombre por ciertos delitos y la ley civil podía juzgarlo por otros. Había dos clases de funcionarios: civiles y eclesiásticos. Y había dos mundos mezclándose allí, una rueda encajada en otra. Pero no así en Israel, donde no había funcionarios civiles; Israel no tenía ley civil, ni código de jurisprudencia, ni estatutos en sus libros excepto aquellos que eran de Dios. La Biblia era su código de ley, y sus sacerdotes y escribas eran sus funcionarios, los sumos sacerdotes eran los líderes, y su rey ungido de Dios era su gobernante. Así que Israel era una nación sagrada, un pueblo que estaba más consciente de Dios que cualquier otro que hubiera vivido alguna vez en el mundo. Nunca ha habido una nación tan consciente de Dios como Israel.

Giramos el telescopio a los cielos, vemos las estrellas y las separamos del Dios que las hizo. A eso llamamos astronomía. Cavamos en las rocas y tenemos la geología, y lidiamos con diminuta materia voladora microscópica o sub-microscópica y tenemos la física. Separamos a la naturaleza de Dios; pero Israel nunca supo cómo hacer eso. Dios era todo. Si un israelita miraba una colina, esta era el cerro de Dios; si observaba un árbol, este aplaudía a Dios con las manos; si miraba la lluvia, era Dios quien enviaba la lluvia; y por eso un judío nunca se quejaba. Si alguien declaraba: «Es un clima deprimente, ¿verdad?» era Dios quien enviaba esa lluvia, y Él estaba en todo. Cuando ocurría una figura retórica, era una figura retórica divina; y cuando se hablaba de rocas y piedras, se referían a un edificio que era el edificio del templo.

La piedra viva

Israel tenía un edificio para el templo, por supuesto; pero este estaba compuesto de piedras que yacían una sobre otra; las habían tallado y colocado una sobre otra cortándolas y uniéndolas con cemento. Ese era un templo muerto, y Dios lo sabía, y lo único vivo allí era la gloria de Él que colgaba entre las alas de los querubines de oro. El templo en sí era algo muerto. Y nuestro Señor lo sabía, señaló esas piedras y expresó: «¿Veis todo esto? De cierto os digo, que no quedará aquí piedra sobre piedra, que no sea derribada» (Mt. 24:2).

A lo largo de los años, las personas pasaron sobre ese templo y hasta araron en el lugar donde este había estado. Eso se debe a que se trataba de un templo muerto; pero este templo nuevo que hemos llegado a ser está compuesto de piedras vivas; es un templo vivo, y su piedra angular es Cristo. Sus piedras son hombres y mujeres redimidos que están vivos por la dádiva de la vida eterna. Jesús declaró: «Vosotros también, como piedras vivas».

Se dice lo mismo respecto a los miembros de la iglesia que lo que se dice acerca de la cabeza de la Iglesia, Jesucristo. Él es la piedra viva y los miembros que conforman el gran Templo también son piedras vivas. Hay un plural y un singular, pero no existe diferencia en el adjetivo.

Israel tenía un templo muerto hecho de piedras muertas, no pudo usar esa Piedra Viva cuando la encontró, por lo cual Cristo fue en realidad desechado por los hombres; Israel no pudo usar a Jesucristo cuando vino. Él era la piedra viva de una nueva clase de templo, no una simple piedra más que iría en el antiguo templo, sino la piedra angular de un nuevo tipo de templo.

Ellos miraron esa piedra y los constructores menearon la cabeza y expresaron: «Él no encaja en ningún sitio; nosotros ya tenemos nuestro templo. Allí está, piedra sobre piedra, hilera sobre hilera, y el templo tiene una parte superior engastada con piedras preciosas. ¿Dónde encaja este hombre?». Jesucristo no podía encajar, así que Israel lo rechazó y lo crucificó porque él no se amoldaba de manera correcta. Él era la piedra que iba a ser el modelo para el nuevo templo venidero, y no encajaba para nada en el antiguo templo. Pero Dios dijo que Jesús era elegido y precioso. Miremos esa piedra.

Creo que el inicio se remonta a cuando Jacob debió dormir en el desierto. Tomó las piedras de aquel paraje y las dispuso como almohada. Cuando tuvo esa visión despertó de su sueño, dio media vuelta a esa piedra, la erigió y la ungió, y ese sitio fue llamado Bet-el: Casa de Dios. Luego, cuando los israelitas salieron de Egipto, fueron al desierto y viajaron durante 40 años, esa misma piedra los siguió. Si no se trataba del mismo fragmento de roca, al menos era el mismo símbolo, la misma figura siguiéndolos. Así que un día tuvieron sed, y Moisés golpeó la piedra, y ellos bebieron de la misma roca, al menos simbólicamente, sobre la que Jacob había puesto la cabeza y a la que había ungido y llamado Bet-el.

Después, cuando nuestro Señor vino, dijo que si clamamos a esta roca seremos salvos, pero si cae sobre nosotros seremos aplastados. Se trataba de la misma piedra, y Él declaró: «Sobre esta roca edificaré mi iglesia». Dejemos que los hombres afirmen que esa roca es Pedro, si quieren hacerlo, pero toda figura, todo tipo, todo simbolismo, toda sugerencia y toda similitud en toda la Biblia indica que esa roca no era otro que el mismo Jesucristo. En Daniel leemos de una piedra cortada, no por mano. Esa es la segunda venida de Jesús, cuando regrese para gobernar en la tierra. Así que allí está nuestro Salvador, la Roca.

Las piedras construidas sobre la Roca viva

¿Cuál es ahora la función de la casa edificada alrededor de esta nueva roca? Contrasta con el templo del Antiguo Testamento, el cual estaba hecho de piedras muertas; pero el templo del Nuevo Testamento está hecho de piedras espirituales que están vivas. El sacerdote del antiguo templo entraba y realizaba las funciones de su cargo; pero los sacerdotes del Nuevo Testamento *son* el templo.

Ahí está la diferencia. Tenemos un templo móvil y portátil, un templo hecho de seres humanos vivos, y cada uno de ellos es un sacerdote en su propio derecho. Por eso, no necesitamos al "Padre Fulano". Tenemos un Sumo Sacerdote, y por eso no vamos a sentarnos en alguna cabina telefónica para contar nuestros problemas a algún viejo tipo soltero. Aunque somos sacerdotes en nuestro propio derecho, tenemos un gran Sumo Sacerdote a la diestra de Dios. El templo del que somos parte es uno de sacerdotes, por tanto, no necesitamos que nadie se meta de por medio cuando entramos a la presencia de Dios. Podemos ir directamente a Jesucristo.

Algunos dicen que Jesús es demasiado grande y maravilloso, y que no podemos acudir a Él, pero que podemos acudir a su madre, y ella puede ayudarnos. Afirman que nosotros no tenemos ninguna influencia con Jesús, pero que ella sí la tiene, y que si acudimos a ella y logramos captar su atención, irá y tendrá una plática con Jesús, y todo saldrá bien.

No la necesitamos. Esta adorable dama judía realizó su función. Trajo al mundo a Cristo Jesús hombre y le dio un cuerpo, el cual más tarde fue ofrecido como sacrificio en el Calvario. Ella cumplió su función cuando lo crió y lo amamantó, lo cuidó y lo amó hasta que fue hombre. Luego esta mujer salió del panorama y Jesucristo llenó el horizonte de creyentes. Pero en nuestra época algunos están haciendo todo lo posible por rebajar a Jesús y engrandecer a María. Yo estoy dedicado a la magnificación de Jesucristo y a empequeñecer todo lo demás que se le compare.

Somos sacerdotes, y no necesitamos que otro sacerdote nos ayude. Este templo es un altar donde vive Dios, y Pedro dice que no ofrecemos cabras, corderos ni palomas, sino sacrificios espirituales: amoroso servicio, alabanza, cánticos y adoración.

Ofrendas de alabanza a nuestro Señor

Los críticos nos llaman cantantes de salmos. A los antiguos habitantes de Escocia, los llamaron un grupo de escoceses canta-himnos. Esos canta-himnos dejaron huella en el mundo. Y nuestros antepasados, que una vez recorrieron las costas escarpadas de Nueva Inglaterra y estamparon su noble carácter en Estados Unidos, también fueron canta-himnos. Se reunían en pequeños grupos, en edificaciones hechas de troncos y dedicadas a la adoración, y allí cantaban salmos y ofrecían el fruto de sus labios: alabanzas a Dios. Pero no se detuvieron allí. Se echaron sus hachas al hombro, salieron y establecieron ciudades y construyeron una civilización única que el mundo no había conocido. Esos fueron los puritanos canta-himnos.

Dios oye salmos cuando se cantan en su nombre y para su gloria. Ofrecemos salmos a nuestro Señor y canciones de melodías espirituales en el Espíritu Santo, y el mundo crítico y cínico nos ve cerrar los ojos y hablar con alguien que no podemos ver.

—¿De qué va todo esto? —preguntan.

—Este es el templo de Dios, dedicado al Dios del templo —decimos—. Y nosotros, los sacerdotes del templo, cantamos estos salmos al Dios invisible y oramos al Dios que no vemos.

Aunque invisible, Él es real, y aunque invisible, está cerca. No somos tan tontos como el mundo nos hace ver.

Estos cánticos, alabanzas y sacrificios espirituales son aceptables a Dios. Él aceptó la Piedra Angular; aceptó las piedras vivas que están reunidas a la Piedra Angular con el fin de hacer un templo para el Espíritu Santo. Si usted ha orado de veras, si ha entonado una verdadera canción de alabanza, si ha hecho sus donativos por amor al Señor, no tiene nada visible que mostrar por todo esto.

—Ustedes no tienen nada que mostrar por todo esto —es lo que exclama el mundo, riendo.

Recuerde: no toda cosa valiosa se exhibe en el mismo instante que se recibe. Hay un tiempo en que las cosas invisibles serán las únicas verdaderas, y el mundo visible se disolverá en humo y pasará, y Dios lo enrollará como prenda de vestir y como vestiduras que serán cambiadas. Pero las cosas invisibles de Dios desde la creación, las cuales tenemos en Jesucristo, seguirán tan reales como el cielo mismo, por siempre y para siempre.

¿Están vivas estas verdades en usted?

Lo más importante que se debe determinar es si esto es verdad para usted, *si ya lo ha gustado*, si ha experimentado que el Señor es benigno. Lo más vital que se ha de resolver no son las verdades de las Escrituras, porque estas se han verificado fuera de toda duda. Las Escrituras se reafirman en dos aspectos inmutables: la resurrección de Jesucristo de entre los muertos y la venida del Espíritu Santo. Todo depende de Jesucristo. La verdad de toda la Biblia reposa en los hombros del santo Hijo de María; y si Él hubiera fallado, todo se derrumbaría alrededor de nuestros oídos. Si Él es quien dijo ser, si fue resucitado de la muerte, entonces Él respalda todo el resto de la Biblia misma.

Por eso, no tengo miedo de los modernistas, de los críticos y los más críticos, de los criticones y cínicos. Por eso, no me preocupan Jonás y el gran pez. Nunca pasé cinco minutos de mi vida tratando de concluir si un pez se pudo haber tragado o no a Jonás. El Dios

Todopoderoso pudo hacer que una ballena se pudiera tragar no solo a Jonás, sino al barco entero y arrojarlo en Nínive. Lo importante no es si un gran pez se tragó al hombre, sino lo que Jesús dijo al respecto. Él manifestó: «Como estuvo Jonás en el vientre del gran pez tres días y tres noches, así estará el Hijo del Hombre en el corazón de la tierra tres días y tres noches» (Mt. 12:40). El mismo Jesús se ató a la verdad de la historia de Jonás. Por tanto, la historia es verídica porque la Verdad aseguró que así fue.

En ocasiones somos demasiado apologéticos con nuestra apologética. No nos corresponde decidir si la Biblia es verdadera o no. La resurrección de Jesucristo, su ascensión a la diestra de Dios, y el hecho de que el Espíritu Santo haya venido para siempre quita la apologética de las manos de los hombres y la pone en las manos del Espíritu Santo. Sabemos que la Biblia es verídica no por extenso y desagradable razonamiento, sino por un destello de inspiración desde el trono y por el Espíritu Santo que produce el destello.

El gran problema no es si la Biblia es verdadera, sino si es verdad en usted. El asunto no es si la Biblia es verídica o no, sino si estas cosas son ciertas en usted y en mí. Angelus Silesius (1624-1677), poeta y sacerdote, declaró:

> Cristo puede nacer mil veces en Belén;
> Si no nace dentro de ti,
> Quedarás perdido para siempre.
> La cruz del Gólgota no puede redimirte del mal,
> Si no es levantada también dentro de ti.
> (Tomado de http://www.comunidaddecristianos.es/textos/
> el%20nacimiento%20de%20cristo.html, consultado el 19
> de noviembre de 2012)

Lo que debemos hacer hoy día es ir a casa, entrar en nuestro cuarto, abrir nuestra Biblia, ponernos de rodillas, y decir: «Oh, Dios, ¿son estas cosas verdaderas con respecto a mí?».

Usted puede ser alguien maravillosamente simpático y aún no ser un verdadero cristiano. Puede ser una persona agradable y no haber nacido de nuevo. Usted puede ser un religioso encantador y nunca haber gustado la benignidad del Señor. Busquemos en nuestros corazones. Veamos por nosotros mismos si estas cosas son así en nosotros. Un Salvador resucitado y la venida del Espíritu Santo confirmaron para siempre la realidad de que la Biblia es verdadera; sin embargo, ¿es verdadera en usted? Esa es la gran pregunta. Investigue usted mismo y pregúntese a la luz de la verdad revelada de Dios: «Oh, Señor, creo esto, pero ¿es verdadero dentro de mí?». Si no lo es, puede llegar a serlo. La fe y el arrepentimiento pueden hacer que esto sea real en su corazón.

8

El cristiano cree que es exactamente lo que Dios afirma que es

Y: Piedra de tropiezo, y roca que hace caer, porque tropiezan en la palabra, siendo desobedientes; a lo cual fueron también destinados. Mas vosotros sois linaje escogido, real sacerdocio, nación santa, pueblo adquirido por Dios, para que anunciéis las virtudes de aquel que os llamó de las tinieblas a su luz admirable; vosotros que en otro tiempo no erais pueblo, pero que ahora sois pueblo de Dios; que en otro tiempo no habíais alcanzado misericordia, pero ahora habéis alcanzado misericordia.

1 Pedro 2:8-10

Siempre he pensado que una abeja puede recoger miel no solo de una flor, sino también de una mala hierba. Para mí, la verdad es verdad dígala quien la diga o encuéntrese donde se encuentre. Nunca hago caso omiso a la verdad por el hecho de que provenga de una fuente inesperada.

Si por ejemplo un ateo dijera que dos más dos son cuatro, yo no despreciaría la verdad a causa de la fuente. No importa quién ofrezca esa ecuación; dos más dos siempre equivale a cuatro. No tengo que defender la fuente cuando acepto la verdad.

Uno de los antiguos filósofos del pasado era bastante

compatible con los cristianos de los primeros siglos, debido al hecho de que la verdad es una sola y, si algo es cierto, lo es de todos modos. La iglesia cristiana primitiva, por cierta clase de afinidad, aceptó a uno de estos maestros morales no en el nivel de la verdad inspirada, sino como una especie de mensaje colateral. Me refiero a Epicuro (341-270 a. C.).

Paso a exponer una de las doctrinas de este filósofo como ilustración de lo que voy a decir a continuación, y ofreceré solo una traducción abierta, no una literal. Él dijo que lo primero acerca de un hombre es que es un ser humano. Se puede conocer lo que debe ser un individuo descubriendo su naturaleza, así como se puede levantar un martillo y, si se es razonablemente inteligente, deducir el propósito del martillo al sostenerlo en la mano. Se podría saber que el martillo no está destinado a aserrar una tabla o abrir una lata de salmón. Por la forma se podría saber que la herramienta está diseñada para golpear algo. O tal vez usted podría levantar una sierra y deducir por su forma que la naturaleza de esta herramienta no está hecha para golpear clavos, sino para aserrar madera.

Resumiendo al antiguo filósofo, por la naturaleza del hombre se deduce qué clase de persona o de individuo debería ser. Ser hombre es la primera responsabilidad de un ser humano. Epicuro estableció que podemos conocer nuestros deberes, y hasta aquí es hasta donde llegó el filósofo. La Biblia tiene poco que decir acerca de deberes y privilegios. Pero Epicuro afirmó que podemos conocer nuestros deberes averiguando qué somos y las facetas de nuestra humanidad, de nuestra masculinidad, y de qué manera estas cambiaron.

Por ejemplo, dando por sentado que usted es un ser humano, su mayor privilegio y responsabilidad es desarrollarse como ser humano. A continuación puede saber de qué trata ese desarrollo al considerar sus relaciones. Primero, usted es hijo o hija, lo que implica ciertas obligaciones y deberes hacia sus padres. Si usted es esposo o esposa, la realidad de esta condición implica ciertas responsabilidades hacia su cónyuge. Y el hecho de que sea un ciudadano implica ciertas responsabilidades hacia el estado. Que sea padre implica ciertas responsabilidades para con sus hijos, y así sucesivamente.

Con eso como un pequeño contexto de ilustración, permítame señalar lo que Pedro expresó: «Vosotros sois linaje escogido, real sacerdocio, nación santa, pueblo adquirido por Dios». Epicuro dijo que lo primero es que usted es un individuo; segundo, que debe determinar sus responsabilidades como individuo. El apóstol declaró que lo primero acerca de usted es que es cristiano, y empieza donde Epicuro terminó. Afirma que hemos nacido de nuevo (que hemos sido engendrados de nuevo) «para una esperanza viva por medio de la resurrección de Jesucristo de los muertos» (1 P. 1:3). Él no empieza con nuestra humanidad básica, sino con nuestro cristianismo básico. Luego sigue mostrando que, como cristianos, existen al menos cuatro facetas de nuestra naturaleza y cuatro relaciones.

Hay cuatro cosas que usted es, igual que el individuo del que habla Epicuro es esposo o ciudadano, o lo uno y lo otro; y así como tiene varias relaciones, usted como cristiano también tiene varias relaciones. Como cristiano, usted es una cantidad de cosas, y puede averiguar sus deberes y sus privilegios al ver lo que usted es.

Linaje escogido

Como cristiano, usted pertenece a una agrupación que Dios llama «linaje escogido». Él aplicó todos los términos del Israel del Antiguo Testamento a la Iglesia del Nuevo Testamento, solo que elevó estos términos a otro nivel y los hizo espirituales. Israel fue llamado semilla escogida. En el himno «Saluden todos el poder del Nombre de Jesús» (Edward Perronet, 1726-1792), cantamos: «Semilla escogida del linaje de Israel, rescatado eres de la caída». Y Pedro dice: «Ustedes cristianos tienen varias facetas de su naturaleza». Hay varias cosas que usted es, y una de ellas es linaje escogido.

Esa palabra «linaje» no significa origen en el sentido de lo que entendemos. Significa una raza, si es que usted permite esa palabra más bien desagradable para algo tan maravilloso como nacer de Dios; significa casta, estirpe. Él afirma que los cristianos somos una clase escogida; que usted pertenece a una nueva estirpe de seres humanos. Se empieza con la humanidad pero se continúa con el nuevo nacimiento, y eso constituye una nueva casta de humanos tan totalmente distinta de la especie caída de Adán como si usted perteneciera a otro mundo. «Vosotros sois linaje escogido, una estirpe elegida de personas». Eso es lo que somos; y tal como el hombre del que habla Epicuro puede darse cuenta de sus responsabilidades hacia el estado recordando que es un ciudadano, así los cristianos podemos averiguar nuestros privilegios y responsabilidades recordando que somos una nueva casta de seres humanos.

Sé que el mundo se burla de eso, y lo hace con buenas razones al ver la manera en que algunos de nosotros actuamos. A veces lo hacemos de forma muy parecida al tamo del desierto que solíamos ser. Sin embargo, a pesar de todo, Dios declaró que somos «linaje nuevo y escogido». Somos una estirpe selecta. Igual que los hombres seleccionan razas y producen lo mejor, Dios ha producido un linaje selecto, no edificando a partir de

Adán, sino dando nuevo nacimiento desde lo alto. Él ha creado un linaje nuevo de seres humanos. Y expresó que con esto vienen responsabilidades y privilegios. Recordando quién es usted, puede darse cuenta de cómo ser y de qué clase de persona debería ser.

Ojalá el pueblo de Dios pudiera recordar lo que es. Sin embargo, permitimos que el mundo nos diga lo que somos. Dejamos que nuestro gobierno nos diga lo que somos. Para el mundo, somos simplemente personas religiosas; para nuestro gobierno, somos contribuyentes y votantes. Pero Dios dice que somos más que eso. Somos ciudadanos y, como tales, siempre pagamos impuestos. Pagamos impuestos tanto si votamos como si no; pero somos más que eso. Somos linaje escogido; la fe del verdadero cristiano nacido de nuevo pertenece a una nueva escuela filosófica, a un nuevo nivel de humanidad, a una nueva casta de seres humanos. Habiendo nacido de lo alto, aún somos seres humanos. Los cristianos pertenecemos a una generación humana nacida dos veces.

Real sacerdocio

Esto debe motivarnos a hacer una pausa a fin de que podamos reflexionar en la clase de personas que debemos ser. Pero Pedro dice más. Afirma que usted también es «real sacerdocio». Eso era conocido para las personas del Antiguo Testamento, las cuales tenían sacerdocio y entendían las repercusiones. Aquellos que se podían aproximar oficialmente a Dios, que podían acercarse a Dios por el pueblo, eran los sacerdotes, y estos provenían solamente de una línea: la tribu de Leví. No todos podían ser sacerdotes, porque ni siquiera Jesús podía ser un sacerdote del Antiguo

Testamento por la sencilla razón de que pertenecía a la línea de Judá, y no a la de Leví. Pero el hecho es que los israelitas sabían qué era un sacerdocio. Constaba de cierta orden de hombres que ofrecían sacrificios, hacían oraciones, y permanecían entre Dios y el pueblo como un sacerdocio. Ahora Él dice: «Ustedes son real sacerdocio». Ustedes los cristianos son ahora sacerdotes.

Esa es la otra faceta de nuestra naturaleza. Usted es un sacerdote, y no uno cualquiera, sino un sacerdote real. Los sacerdotes del Antiguo Testamento no eran sacerdotes reales. La línea real era la de Judá, y la línea sacerdotal era la de Leví. Las dos líneas nunca se cruzaron. El cristiano del Nuevo Testamento no es de Judá ni de Leví (ni de Dan ni de ninguna otra de las líneas). Pertenece a una nueva orden de seres humanos, con doble nacimiento. Una de las funciones de este cristiano es actuar como sacerdote. Al haber nacido de semilla real, de Jesús, es un sacerdote real.

Piense en usted de ese modo, y no permita que el mundo o los libros de psicología le digan lo que usted es. Vaya a la Palabra de Dios y averigüe su identidad como hombre o mujer creyente y como cristiano; usted es un seguidor de Cristo. Usted pertenece a un sacerdocio real, y el sacerdocio yace ahora en manos de cristianos individuales. No se trata de una orden correspondiente a una parte de las personas; la iglesia es el sacerdocio, y cada cristiano es su propio sacerdote. Eso es muy difícil de entender para algunos.

Puesto que cada cristiano es un sacerdote real delante de Dios, no necesitamos al sacerdote del templo del Antiguo Testamento. No necesitamos al sacerdote de Buda o de la Iglesia Católica. No necesitamos sacerdote porque nosotros mismos somos sacerdotes. Los sacerdotes no van a sacerdotes en busca de ayuda. Somos nuestros propios sacerdotes y estamos constituidos así en virtud de pertenecer a un nuevo orden de seres humanos. Somos una nueva estirpe de género humano. Somos parte todavía de los antiguos humanos, pero somos nuevos humanos por medio de Cristo, y llegará el día en que la antigua humanidad pasará como el capullo de la mariposa que desaparece, y todo lo que usted es y aquello en que gastó tanto dinero y tiempo y de lo que se jactó, todo eso pasará. Usted se deshará de esa antigua generación adámica como un capullo, y brotará a una nueva vida. Solamente lo nuevo vivirá para siempre, y lo viejo morirá y desaparecerá. Por eso, somos un nuevo linaje, y un linaje escogido; pero también somos real sacerdocio.

Nación santa

Luego la Biblia dice que usted es «nación santa». La iglesia aquí es considerada como una nación. Si Jesucristo es nuestro Señor y Rey, y si Israel es una nación santa en medio de las naciones, pero no parte de estas, así también la Iglesia, la verdadera Iglesia de Cristo, es una nación santa que mora en medio de las naciones, aunque no forma parte de ellas.

Le recomiendo que se siente alguna vez a pensar acerca de lo que usted es. Solo piense en eso. Usted manifiesta que no quiere interesarse en sí mismo. Bueno, más le vale que lo haga, porque el diablo y el mundo sí están interesados en usted, y por lo tanto es mejor que usted también se interese. Si usted es un creyente en Cristo, más le vale que se siente y, en la presencia de Dios y con la Biblia abierta, piense tranquilamente en lo que usted es como alguien nacido de nuevo, y en cuáles son esas conexiones distintas que usted sostiene y qué facetas tiene su naturaleza.

Una faceta es que usted pertenece a una nación separada. «Santa» tiene que ver con estar separada ceremonialmente así como ser moralmente pura. Y tal como Israel moraba en medio de las naciones como parte del mundo pero sin formar parte de las naciones, así nosotros ahora como nuevo sacerdocio, un real sacerdocio, constituimos una nación, una nueva nación, una nación espiritual dentro del mundo sin que este nos afecte.

Tome un globo terráqueo y gírelo de modo que sea visible la mayor parte de tierra y la menor parte de agua, y justo en el centro geográfico de esa enorme tierra estaría Israel. Dios dijo que su nación estaba en el medio de la tierra. Él quiso decir lo que dijo, e Israel fue una nación apartada. Sin embargo, hacia el sur, el norte, el este y el oeste había otras naciones; no obstante, mediante límites cuidadosamente definidos, Israel vivió como un pueblo apartado en medio de las naciones. Su maldición llegó cuando se olvidó de su condición nacional santa y comenzó a casarse y a mezclarse con el mundo que lo rodeaba. Entonces Dios hizo que ese mismo mundo se volviera en contra de su pueblo; llegaron ejércitos y lo destruyeron, de modo que Jerusalén fue devastada 70 veces en la historia.

Si usted piensa en lo que es como cristiano, pertenece a una nación santa. Usted no puede darse el lujo de fastidiar a ningún ciudadano en este nuevo linaje, en este nuevo sacerdocio y en esta nueva nación. No puede permitirse el lujo de tener rivalidades con alguien, sino que debe amar a todo el mundo y vivir en armonía en la medida en que pueda hacerlo, porque usted es parte de una nación, y esta es una nación santa separada del mundo.

El cristianismo de nuestros días no ve esto tan claramente como podría verlo. Tratamos de encajar, engranar e integrarnos;

las aristas agudas se han desvanecido, y no queda más que una mezcla de cobardía. Dios encendió la luz en un lado y dijo: «Que haya luz», y en el otro lado expresó: «Que haya oscuridad». Al uno llamó día, y al otro, noche, y quiso que esa división permaneciera a través de los años. Pero estamos viviendo en una nefasta penumbra donde se puede descubrir muy poca de esa luz y no demasiado que sea santo. Tinieblas y hasta pecado se han apoderado de algunas de las vestiduras relucientes del cristianismo, y las han encubierto de inmundicia. Pero el pueblo de Dios debe ver qué es lo que Él dice que somos: una nación santa, una nación separada que vive en medio del mundo pero que está totalmente apartada de este.

Pueblo adquirido

Luego viene la cuarta faceta que Pedro aseguró que somos: un «pueblo adquirido». «Adquirido», como se usaba hace 350 años, significaba un pueblo para una posición, un pueblo comprado, un pueblo redimido. El significado bíblico es de un pueblo comprado. Este fue el caso de los israelitas en el entorno de Deuteronomio. Ellos fueron redimidos por la sangre del cordero expiatorio, y fueron sacados como un pueblo adquirido y llevados ante el mismo Dios. Eso es lo que somos los cristianos.

El mundo acusa a los cristianos de ser personas intolerantes y llenas de orgullo, que creen que pueden afirmar ser el pueblo de Dios. El mundo expresa: «¿No es Dios el Padre de todos los seres humanos?». La respuesta es no. No intente disculparse; solo diga no. No cite a cuatro o cinco autoridades, ni suavice la situación. Simplemente diga no, porque usted sabe que Dios no es el Padre de toda persona. Es el Padre de aquellos que creen en el Señor Jesucristo. Él toma sobre sí mismo a esta nueva casta humana, a este pueblo nacido de lo alto, y lo establece como real sacerdocio, linaje escogido, y pueblo adquirido, de tal manera que las personas del mundo no son tomadas.

Usted tiene perfecto derecho de persistir en la verdad de Dios en cuanto a eso. Y si ellos dicen: «¿Quién se cree usted que es?», usted simplemente replique: «Sé quién soy, por la misericordia de Dios, porque Él dice "que en otro tiempo no erais pueblo, pero que ahora sois pueblo de Dios; que en otro tiempo no habíais alcanzado misericordia, pero ahora habéis alcanzado misericordia"» (1 P. 2:10). Usted puede escribir este versículo en la parte trasera de su billetera o grabarlo en las tablas de su corazón, porque este es usted, si es un verdadero cristiano.

Como cristianos, debemos imaginarnos que somos lo que Dios asegura que somos. No podemos permitir que la falsa modestia, las dudas o la incredulidad nos impidan aceptar el favor de Dios y ponernos con fe y humildad donde Él nos pone. Si no estamos allí, podemos estarlo, porque la puerta de la misericordia permanece abierta para todo aquel que venga.

Los cristianos somos un pueblo adquirido por Dios. Somos un pueblo especial, un pueblo característico, una nación apartada de sacerdotes, sacerdotes reales, que surgen de esta nueva entidad que nace en medio de la tierra: la Iglesia. Somos exactamente lo que Dios dice que somos. No más y, ciertamente, no menos.

9

LA VIDA DEL CRISTIANO EN MEDIO DE INCRÉDULOS

Amados, yo os ruego como a extranjeros y peregrinos, que os abstengáis de los deseos carnales que batallan contra el alma.

1 Pedro 2:11

La Iglesia de Jesucristo está saturada de personas que asumen una autoridad de Dios que en realidad no tienen. Si se trata de una mala interpretación de las Escrituras, o de un simple defecto de personalidad, está más allá de mi comprensión. Pero sí sé que no toda jactancia está enraizada en la Biblia.

Como apóstol, Pedro tuvo toda la autoridad que Dios concedió alguna vez a un hombre sobre la tierra, incluso más autoridad de la que gozó Moisés; la autoridad de Pedro fue más extensa. Sin embargo, el apóstol no les ordenó a estos cristianos dispersos, sino que les rogó y los llamó con un tierno término de afecto. «Amados, yo os ruego».

Eso se debe a que hay ciertos actos morales que no se pueden garantizar por medio de mandatos. Otros, sí. Es totalmente posible ordenar: «No matarás», porque se puede restringir el acto de asesinar, y si no matamos a otra persona entonces hemos cumplido el mandamiento, y se ha salvado una vida humana. Pero hay otras acciones que se deben cumplir de manera voluntaria si es que deben ser verdaderas, porque la buena voluntad es parte de su contenido moral, a fin de que ni las amenazas ni la fuerza puedan actuar para garantizar tales extremos.

Estar dispuestos a permanecer separados

Si Pedro hubiera dicho: «Les ordeno como a extranjeros y peregrinos, que se abstengan de los deseos carnales», habría estado decretando una imposibilidad. Conocer el carácter de un extranjero y un peregrino, y vivir delante de Dios en débil humildad y pureza, lo cual anula los deseos de la carne, es algo que solo se puede lograr por medio de una disposición espiritual; de ahí que no se pueda ordenar.

Permítame ilustrarlo de esta manera. Un individuo violento y rudo llega del trabajo a la casa, y con rostro enojado y amenazante se acerca a su esposa y dice: «¿Cuál es el motivo de que la cena no esté en la mesa?». Entonces le ordena a ella que le prepare la cena. La mujer le teme y sabe que él tiene alguna clase de dominio legal sobre ella, así que se apura y pone la cena sobre la mesa. El hombre obtiene la cena por medio de una orden, pero no puede acercarse a esa mujer y decirle: «Te ordeno que me ames». Él no puede obtener amor a través de una orden, porque la buena voluntad y la participación de tipo voluntario son necesarias para amar, pero no son necesarias para obedecer una orden. Por otra parte, el hombre de Dios no dice: «Os ordeno», sino «os ruego por las misericordias de Dios, que presentéis vuestros cuerpos en sacrificio vivo, santo, agradable a Dios» (Ro. 12:1). La naturaleza de esta consagración fue tal que debieron haberla cumplido de buena voluntad y sin represalias ni sanciones, o no debieron haberla cumplido en absoluto.

Pedro les explicó que los cristianos son extranjeros en la tierra. La palabra «extranjero», como el apóstol la usa aquí, significa «forastero». Por lo general se refiere a alguien que vive de modo temporal en un país ajeno, no como en casa ni con la intención de que así sea, y que está separado de los nativos por el lenguaje, la vestimenta, las costumbres, la conducta y generalmente por la cultura. El extranjero es un individuo de un país foráneo que no se siente como en casa y no piensa instalarse donde está, sino que de modo temporal está en ese país. Está separado por el lenguaje, así que habla con acento. Está separado por vestuario, costumbres, conducta, dieta y cultura. Esto lo convierte en extranjero.

Estados Unidos no conoce demasiados extranjeros, los absorbemos demasiado rápido. Los fusionamos tan rápido que apenas sabemos quiénes son. Tan pronto como superan su primer acento original fuerte, son estadounidenses. Pero la Biblia reconoce aquí a los forasteros en una tierra donde estuvieron solo por un tiempo. Es algo así como los hombres de las Naciones Unidas en la Ciudad de Nueva York. Están allí solo de forma temporal y no tienen intención de quedarse ni están tramitando documentos para solicitar la ciudadanía; son forasteros. Están allí por un tiempo, separados por lenguaje, costumbres, conducta, y por pasado, tradición, recuerdos y todo lo demás.

No se acomode

Tan pronto como un hombre deja de estar separado de quienes le rodean, ya no es extranjero. Pero Pedro nunca admitió nuestra asimilación ni el hecho de que superáramos nuestro carácter de extranjeros. Como cristianos somos extranjeros en la tierra.

Abraham y Lot son ejemplos destacados de cómo los hombres

pueden ser extranjeros y luego dejar de serlo. Salieron de Ur de los caldeos y entraron en la tierra de Palestina. Un día, sus pastores pelearon, y Abraham y Lot se reunieron, como deben hacerlo dos parientes, hablaron del asunto y decidieron que lo mejor era separarse. Ya eran demasiado grandes como para crecer juntos, y había animosidad entre sus siervos. Por tanto Abraham declaró: «Si fueres a la mano izquierda, yo iré a la derecha; y si tú a la derecha, yo iré a la izquierda». Por eso, egoísta como era, Lot miró hacia la llanura del Jordán y se fue en esa dirección. Abraham se quedó en los llanos de Mamre, donde había algo de pasto pero no mucho.

Lot salió hacia donde el pasto era verde y montó sus tiendas cerca de Sodoma. No pasó mucho tiempo para que el hombre se sentara en la puerta de la ciudad, lo que equivale a decir que si no era el alcalde de la ciudad al menos ostentaba una elevada posición oficial, porque los funcionarios tenían sus oficinas en la puerta de la población como ahora tenemos el concejo. Un día llegaron otros reyes, asaltaron la ciudad, y la tomaron junto con Lot y toda su casa.

Después, algunos que escaparon fueron a pedir ayuda. ¿Dónde buscarla? Lot no estaba en posición de ayudar, pues era uno de los cautivos. ¿Dónde buscaron ellos la ayuda que necesitaban para esa situación particular? Se dijeron: «Vamos a pedirle ayuda a Abraham, el hebreo».

La palabra hebreo significa «extranjero». El único hombre capaz de ayudar en esa crisis era aquel que nunca se identificó con ellos, sino que más bien se mantuvo separado. Solo alguien fuera de ellos podía rescatarlos de su dilema. Así que fueron a buscar a Abraham, no a Lot. Este ya estaba esposado, atado y paralizado como un cerdo llevado al mercado. Lot, que solía sentarse en la puerta, estaba ahora tirado en la parte trasera de una carreta en algún sitio, siendo arrastrado como si fuera carga. Tuvieron que ir a buscar a Abraham, el extranjero, que se había mantenido lejos de Sodoma y de todos sus habitantes. Abraham agarró su pequeño ejército, salió y derrotó al enemigo, y rescató a Lot y su gente.

Otro ejemplo. Dos cristianos empiezan juntos y uno participa de las cosas de este mundo. Este último pierde su carácter como extranjero. Quizá se eleve hasta un lugar en que se sienta a la puerta, pero pierde algo que el otro creyente tiene. Ese otro hombre se retira y hasta donde le es posible se mantiene separado de los caminos del mundo, llevando la vida apartada de un extranjero. Entonces llegan los problemas y en la calle alguien se mete en un lío. ¿A quién de ellos irán a buscar? ¿A Lot, el asimilador? No, él tiene tantos problemas como los demás. Siempre irán a buscar el hombre que ha estado apartado y que se ha mantenido aislado: Abraham.

Solo de paso

Pedro declaró: «Ustedes no solo son cristianos extranjeros, sino que también son peregrinos». Un peregrino es un extranjero en su camino de un lugar a otro. Es alguien que pasa por el camino. Recuerde siempre que un cristiano está en camino. No está donde comenzó ni está en su destino; solo está donde se encuentra ahora.

A veces alguien de visita en Chicago me llama.

—Soy fulano de tal —dice.

Tal vez lo conozca, tal vez no. Él se presenta a sí mismo o a través de algún amigo, por lo general un predicador, un escritor o algo así.

—Ah, ¿está usted de visita en Chicago? —pregunto.

—No, solo estoy de paso desde Detroit o Cleveland [o algún otro sitio] y me dirijo a Omaha o Denver al occidente.

El hombre está simplemente en camino. Tiene su boleto en el

bolsillo y solamente se detuvo para hablar al paso con un amigo. Ese es el carácter de un peregrino. Eso es lo que significa: alguien en camino, alguien que está de paso. Alguien que no se establece allí. Este es el concepto cristiano de las cosas. El cielo es la patria hacia la que nos encaminamos, y la tierra es un desierto.

A menudo la gente reprende a los creyentes por su concepto de que el mundo es como un «velo de lágrimas». He leído algunas críticas muy mordaces de esa noción cristiana. «¿Qué clase de cuervos viejos y deprimentes son ustedes que se sientan por ahí, refunfuñando respecto a ese velo de lágrimas?». Pero ese es el concepto cristiano, tómelo o déjelo. Debido al pecado, el mundo en que vivimos representa una visitación temporal que el pecado ha hecho; el mundo es un desierto a través del cual viajamos, y podemos descansar, pero solo por una noche. Luego volvemos a armar nuestra tienda un día de marcha más cerca de casa. Pero nunca nos vamos a establecer aquí, y nunca vamos a nacionalizarnos.

Con frecuencia paso tiempo revisando en el himnario esta idea de que los cristianos son extranjeros en su camino al cielo. Permítame citar solo unos breves extractos de algunos himnos fabulosos. John Mason Neale (1818-1866) compuso:

Oh banda feliz de peregrinos,
Si hacia adelante habéis de andar
Con Jesús como compañero
¡Con Jesús como tu cabeza!

El reverendo John Samuel Bewley Monsell (1811-1875) escribió una estrofa del himno «En nuestro caminar gozosos», que particularmente disfruto:

En nuestro caminar de gozo llenos,
   gustosamente continuamos;
Nuestro Líder ya ha conquistado,
   vencido es nuestro enemigo;
Por fuera Cristo, estamos seguros,
   Cristo por dentro, gozo tenemos;
Si hemos de permanecer fieles,
   ¿podrá alguien destruir nuestra esperanza?

Y todo el mundo recuerda esta famosa canción galesa «Guíame tú, gran Jehová» de William Williams (1717-1791):

Guíame tú, gran Jehová,
Peregrino soy en esta árida tierra;
Débil soy, mas tú eres poderoso,
Sostenme con tu vigorosa mano.
Pan del cielo, Pan del cielo,
Susténtame hasta que ya más no quiera;
Susténtame hasta que ya más no quiera.

John Cennick (1718-1755) escribió lo siguiente en «Hijos del celeste Rey»:

A casa con Dios viajando estamos,
En la senda que nuestros padres anduvieron;
Ahora ellos gozan felices, y nosotros
Pronto su felicidad veremos.

Y en 1721, Nikolaus L. von Zinzendorf (1700-1760) escribió:

Jesús, sigue en la delantera,
¡Hasta nuestro descanso conquistar!
Y aunque el camino parezca triste,
Te seguiremos, tranquilos y sin miedo.
Guíanos con tu mano santa
Hacia nuestra Patria celestial.

Eso es solo una muestra. Usted puede hallar palabras similares en las docenas de escritos de quienes conciben la tierra como un desierto por el cual el cristiano peregrino viaja en su camino a la patria. Pero él no está solo; la persona del Señor Jesucristo siempre es el Invisible que camina a su lado y que se halla en su interior. El peregrino quizá deba parar y armar su tienda durante la noche; puede tener que asumir el carácter de un soldado y abrirse paso luchando; pero siempre está en camino.

Deje que su vida interior lo dirija

Mientras usted esté en camino, absténgase «de los deseos carnales que batallan contra el alma» (1 P. 2:11). Estos deseos carnales son aquellos apetitos naturales que tienen su núcleo en el cuerpo y la mente. Estos apetitos naturales serían inocentes excepto por el pecado, pero ahora son enemigos del alma.

He aquí uno de esos ejemplos en que usted no puede ordenar a nadie; solo puede rogar como si se tratara de peregrinos y extranjeros. Pero podríamos estar seguros de esto: Cualquier persona que vaya a realizar su viaje de manera segura y con éxito tendrá que mantenerse libre de los deseos carnales que batallan contra el alma. Si no lo hace, tardará más o deberá detenerse. La vida interior debe vencer a la carne, o esta vencerá y destruirá la vida interior. Es extraño y deplorable, pero cierto, que una parte de nosotros riña con la otra. Esa es la ley de la naturaleza; luchar contra la naturaleza superior. La carne lucha contra el espíritu, y los deseos carnales guerrean contra nuestra alma. Thomas à Kempis manifestó: «La paz se encontrará siempre no en complacer los apetitos inferiores sino en resistirlos».

Ralph Waldo Emerson (1803-1882), un simple filósofo y para nada cristiano (pero un gran pensador) declaró esto: «Cada victoria que tenemos sobre la carne, por insignificante que sea, demostrará ser un acto fortalecedor para nuestras almas». Somos peregrinos en viaje a casa, y los únicos enemigos verdaderos y peligrosos están dentro de nosotros. Dios ha cambiado los leones en el exterior; le ha dicho a Satanás: «Hasta aquí no más». Dios ha hablado a los mismos ejércitos del mundo y les ha prohibido tocar a sus ungidos y provocar algún daño a sus profetas. Dentro de nosotros tenemos tentaciones, que destruyen nuestra alma si cedemos a ellas. Por tanto, el Espíritu Santo dice: «Os ruego como a extranjeros y peregrinos, que os abstengáis de los deseos carnales que batallan contra el alma».

10

PRESENCIA DEL CRISTIANO ENTRE LOS NO SALVOS

Manteniendo buena vuestra manera de vivir entre
los gentiles; para que en lo que murmuran de vosotros
como de malhechores, glorifiquen a Dios en el día
de la visitación, al considerar vuestras buenas obras.
1 PEDRO 2:12

Todo cristiano ferviente debe hacerse una pregunta importante en su vida: ¿Cuál debe ser mi actitud hacia los gentiles? Por gentiles simplemente nos referimos a los no salvos entre quienes vivimos. ¿Cuál debe ser mi actitud hacia los no salvos con los cuales estoy obligado a vivir la mayor parte de mi vida? Cuando digo la mayor parte de mi vida no estoy hablando a la ligera, sino que me refiero exactamente a eso, porque aunque los cristianos tienden a unirse, es muy probable que pasen entre gentiles una gran parte de su tiempo en la tierra.

Una de las principales características de los cristianos es la tendencia a juntarse. Se agrupan en varias reuniones aquí y allí; cualquier cosa desde la comida campestre de la humilde escuela dominical hasta la gran reunión. Los cristianos tienen un maravilloso hábito de reunirse. Los verdaderos cristianos se juntan, y las razones son muchas y muy plenas, creo yo.

Nuestra afinidad natural por la sal

En primer lugar, los cristianos pertenecemos a otro grupo étnico. «Vosotros sois linaje escogido, real sacerdocio, nación santa, pueblo adquirido por Dios». Por tanto, formamos otro tipo de grupo etnográfico dentro de la raza en la que nacimos. Somos extranjeros pero no extraños unos con otros, y por tanto es perfectamente natural que los seres humanos queramos estar con nuestro propio grupo, porque entendemos el lenguaje común que hablamos.

Puedo comprender por qué los polacos, suecos, lituanos y hasta alemanes tienden a ser exclusivistas. Decimos: «Ellos son exclusivistas», y sonreímos. Pero no es que sean tan exclusivistas, sino que les gusta oír a alguien que hable sin acento. Quieren estar entre personas que puedan bendecir sus oídos con ese primer sonido que oyeron cuando nacieron al otro lado del mar, o cuando tuvieron suficiente edad para oír sonidos y saber lo que estos significaban, y por tanto esos sonidos bendijeron sus oídos con buen discurso.

Los grupos tienden a juntarse porque les encanta oír a los suyos, y a los cristianos les gusta estar juntos porque cada uno entiende el lenguaje del otro.

No solo somos otro grupo racial, sino que también somos otra familia, y a las familias siempre les gusta reunirse. Les agrada estar juntas, y en las regiones fuera de la ciudad donde las personas son menos sofisticadas, las reuniones familiares son una gran ocasión en que todos los que están remotamente emparentados se reúnen y se sientan a conversar. Así tienen oportunidad para encontrarse con algunos parientes que no han conocido, y para enterarse de los nuevos miembros que han nacido el año anterior. A estas familias les gusta reunirse. Tienen mucho en común. Hay un vínculo perteneciente a la familia que no le concierne a nadie más en la tierra.

Por tanto, los cristianos pertenecemos a la misma familia; somos la familia de Dios. Y Él es nuestro Padre de quien toma nombre toda familia en el cielo y la tierra. Así que, por eso, a los cristianos les encanta estar juntos.

Quienes comparten intereses similares disfrutan estando juntos, por eso cuando están entre personas de intereses parecidos hay mucho de qué hablar. No importa si se trata de pasatiempos, deportes, política o filosofía, a las personas les gusta hablar de asuntos que les interesen. De ahí que les guste estar cerca de quienes comparten esos mismos intereses.

Solo imagine que alguien que literalmente detesta los deportes se encuentra entre un grupo de individuos que solo habla de deportes. No hay intereses comunes y por eso no hay compañerismo. Pero permita que esa misma persona se encuentre en medio de una multitud que le guste lo mismo que a él, y observe fluir el compañerismo. Eso es lo que hay detrás de la comunión cristiana. Por eso, a los cristianos les gusta estar juntos; cuando se reúnen hay muchos intereses mutuos y gran camaradería.

Las personas también están juntas a causa del aliento moral que llega a un grupo minoritario cuando se tiene cerca la presencia de otros miembros de esa minoría.

Fuera del salero

De modo que, por todas esas razones nos gusta estar juntos. No obstante, aún sigue siendo cierto que el cristiano promedio pasa entre gentiles la mayor parte de su vida en la tierra. Pasa la mayor cantidad de horas, días, meses y años entre personas que no simpatizan con él, que no creen lo que él cree, y que no son salvas.

Tome por ejemplo el lugar de trabajo. Algunos nunca ven un solo cristiano desde que salen de sus casas por la mañana hasta que regresan a la noche. Si encuentran a alguno, no saben que es cristiano. Por ejemplo, un creyente ve caminando por la calle a alguien que podría ser cristiano, pero no lo sabe; y por tanto eso no significa nada para el creyente en el momento, así que prácticamente vive entre gentiles desde el instante en que se despidió por la mañana hasta que llega a casa a la noche. Y peor aún, algunos nunca ven a un cristiano desde el momento en que se despiden de sus amigos en la puerta de la iglesia el domingo por la noche, hasta el miércoles o el próximo domingo, porque ni siquiera en casa hay cristianos.

Me estaba esforzando por recordar cuántos cristianos he conocido mientras viajo en trenes. He viajado bastante a través de los Estados Unidos, y creo que solo recuerdo un cristiano del que pensé: «He ahí un hombre de Dios». Era un maletero. Me dirigió la palabra cuando me vio leyendo la Biblia. Siempre tengo Biblia, cuadernos, bolígrafo y una mesa portátil de trabajo, y todos lo saben. Pero nunca antes me había topado con un maletero cristiano, quien sonrientemente y con aprecio me comentó acerca de que yo tuviera una Biblia. Por lo general, no se encuentran cristianos mientras se viaja.

¿A cuántos cristianos les compró algo esta semana? Y si usted está vendiendo, ¿a cuántos cristianos les vendió? Bueno, si le toca trabajar para algún grupo cristiano, lo más probable es que les haya vendido algo a algunos de ellos; pero en su gran mayoría, sus negocios no son con cristianos.

Y en el colegio, si tal vez usted está en un salón de clases con treinta o cuarenta alumnos, ¿cuántos son cristianos en ese grupo? ¿Cuántos creyentes tienen a cristianos como vecinos contiguos a su puerta? ¿Cuántos cristianos viven en la cuadra donde usted vive? Piense ahora, que no son muchos. De vez en cuando usted encontrará un par de casas donde hay cristianos, pero esto no es muy común. En su mayor parte, Dios nos pone cabeza abajo para sacudirnos y esparcir sal en la tierra. La sal está en todo lugar, pero no nos tocamos unos a otros porque estamos dispersos la mayor parte del tiempo; y por tanto, puesto que pasamos pocas horas a la semana con cristianos y muchísimas horas con incrédulos, es de vital importancia que tengamos la respuesta a la pregunta: ¿Cuál debe ser nuestra actitud hacia los no salvos?

Como siempre, Dios establece aquí un precepto general, y no ofrece detalles. Nos dice que mantengamos nuestra «buena manera de vivir entre los gentiles». Otras traducciones hablan de «conducta ejemplar», «portarse de manera irreprochable», «llevar una vida ejemplar», «conducirse bien», «mantener una conducta irreprochable», «llevar una vida honesta». Varios traductores usan todas esas palabras intentando captar el significado de la palabra griega que Pedro utilizó. La aplicación se deja a la circunstancia, al tiempo y al individuo.

Receta de Dios para una vida incitante

Dios nunca nos dice nada que nos permita arreglárnoslas sin Él. Dios afirma lo que leemos en los preceptos de nuestras lecciones bíblicas; establece principios claros y luego permite el momento, la situación, las circunstancias, el individuo y el contexto para determinar cómo se deben aplicar esos principios. Por eso, no es bueno adoptar la actitud que muchos tienen: «Bueno, yo tengo mi Biblia, sé lo que debo hacer, aquí está, se encuentra en el versículo 9. Sé qué hacer, tengo la respuesta».

Esa es la actitud de la ortodoxia no espiritual: siempre estar seguro de la respuesta, saberla porque se puede citar el texto. Recuerde que el texto solo es el precepto general. La aplicación respectiva requiere la presencia viva del Espíritu Santo. Se necesita humildad, fe, oración ferviente y a menudo pasar por dolorosas pruebas para dar vida a ese precepto y hacer que se aplique.

La ortodoxia asegura: «Conozco la respuesta, está aquí en siete principios». Pero el cristiano humilde es más sensato; sabe que tiene los principios y se adhiere a ellos de manera tan ardiente como cualquier otro, pero para saber cómo aplicarlos en un momento y contexto dados sabe que necesita del Espíritu Santo, de oración, de humildad, a veces de ayuno, de más oración y de sacrificio.

Ser sanos en la fe no significa que Dios le haya lanzado la Biblia y le haya dicho: «He aquí las reglas, adiós. Síguelas y al menos lograrás cruzar las puertas». Nunca, nunca. Dios declara: «He aquí el libro de reglas; aquí están los preceptos de justicia. No te envanezcas ahora, porque eres una persona débil y las situaciones cambian igual que las posibilidades de las circunstancias, por lo que nunca sabrás con exactitud cómo orientarte. Confía constantemente y apóyate en mí con fuerza, ora sin cesar, porque de otra manera no sabrás cómo hacer que ese precepto se aplique el instante en que lo necesites».

Recuerde siempre: Dios nunca le dice algo que le permita arreglárselas sin Él. Y si usted fuera a memorizar toda la Biblia, aún necesitaría la presencia de Dios y la influencia viva del Espíritu Santo dentro de usted que le permita vivir incluso el versículo más pequeño de esa Biblia. Por eso Dios siempre nos suspende en el espacio. Nos gusta siempre que todo se encuentre bien especificado, tener una señal allá, y colocar una placa; y así cuando llegan amigos poder señalar y manifestar: «Allí está mi religión, mira eso, ¿no es sólida? Cuatro patas sólidamente sobre el suelo, muy sólidas, allí están». Nos gusta que así sea, y nos encanta apropiarnos de nuestros versículos y luego expresar: «Sé cómo llevar mi vida». Pero Dios declara: «No, hijo mío, solo conoces el esquema general. Los detalles se deben llenar en oración, fe y humildad».

Dios establece aquí el precepto general para la actitud del cristiano, y nos dice: «Sean correctos entre los incrédulos, lleven una vida ejemplar, mantengan una conducta irreprochable, lleven una vida honesta». Eso es muy claro, no se dan detalles, pero es el núcleo del asunto. Esto es primero, porque es indispensable. Usted puede conocer todas las reglas en el libro, pero a menos que lleve una vida correcta, buena, ejemplar e irreprochable, esas reglas no significarán nada para los no salvos.

Aquellos con aversión al sabor de la sal

La Biblia de las Américas usa una frase que me gusta: «A fin de que en aquello que os calumnian como malhechores» (1 P. 2:12, LBLA). Hay algo tristemente humorístico en eso. «A fin de que en aquello que os calumnian como malhechores, ellos, por razón de vuestras buenas obras, al considerarlas, glorifiquen a Dios en el día de la visitación». Esos cristianos en la época de Pedro esperaban ser calumniados. Este era un procedimiento habitual.

La hostilidad de los paganos

¿Por qué los gentiles incrédulos quieren calumniar a los cristianos? Creo que lo hacen por varias razones.

Por ejemplo, el nacido una vez reacciona instintivamente contra el nacido dos veces. La mayoría de individuos, inclusive cristianos, no comprenden esto; y no muchos hablan al respecto, pero es verdad. Si Dios enviara un avivamiento mundial se haría evidente que los nacidos una vez reaccionarían de modo instintivo hacia los nacidos dos veces. Esto comenzó al principio con Caín y Abel. Caín reaccionó hostilmente contra su hermano. Caín el nacido una vez reaccionó en enemistad contra el nacido dos veces. Esto se repitió con otros dos hermanos, Isaac e Ismael. Ismael persiguió a Isaac. La simiente de la esclava persiguió a la simiente de la libre por una hostilidad natural. Esto prevalece hoy día.

El rechazo automático de los gentiles

Los científicos solían usar una frase que denominaban «enemistad natural». Hay ciertas criaturas que instintivamente temen a otras. Aunque se hayan criado en un zoológico o en una casa y nunca hayan visto a esas criaturas, por instinto les tienen miedo. Todo cazador sabe que si monta a caballo, y este empieza a temblar, retroceder, resoplar y relinchar, puede estar seguro de que se trata de uno de los enemigos naturales del corcel, por lo general el oso. El caballo capta la presencia del oso sobre la colina siguiente solo por el olor. No tiene que verlo; y a pesar de ser un potro joven que nunca antes haya participado en una cacería, ni haya estado dentro de la distancia del olor de un oso, se derrumba del todo cuando huele a ese oso. Todo cazador sabe eso. Aquel es un enemigo natural. Hay algo en ese caballo que le hace temer y odiar a ese oso; y no es por experiencia, sino por reacción natural.

El mundo podría no haber visto nunca a un cristiano.

Cuando los misioneros entraron por primera vez a China en la época de Robert Jaffrey y William Glover, los llamaron demonios extranjeros y sus vidas estuvieron constantemente en peligro. La primera reacción instintiva del confucionismo chino fue de hostilidad contra los cristianos debido a que estos son nacidos de nuevo. Los cristianos no estaban causando ningún daño; simplemente estaban allí. Esto se debe a que los cristianos tienen un espíritu y los gentiles otro, y esos espíritus siempre chocarán. No pueden llegar a un acuerdo.

Cristo tenía un Espíritu, y todos en el mundo a su alrededor tenían otro; y por simples o inocentes que fueran las cosas que Él hiciera, ellos le caían encima al instante, no por lo que hacía o lo que decía, sino por lo que Cristo representaba.

Así que delo por hecho. Cuando algo como esto se menciona, a algunos les preocupa que eso disuada a los jóvenes de convertirse a Cristo. Creen que si usted les dice a estos jóvenes que si se convierten a Cristo el mundo se pondrá contra ellos, los desanimará. Pero la verdad nunca detuvo la obra de Dios, y decir la verdad nunca evitó que alguien llegara a ser cristiano. Es un terrible engaño presentar a un joven un cristianismo solamente a medias. Luego cuando llega la presión y empiezan a volar los escupitajos en su dirección, este se desanima y renuncia, y lo llamamos apóstata. No, no es un apóstata, sino alguien que nunca supo qué es lo que había adoptado o qué es lo que se había apoderado de él. Por esto, diga la verdad desde el principio.

Los celos de los paganos

Luego está el asunto de los celos. Los cristianos ponen en vergüenza a los no salvos, y en consecuencia estos se sienten celosos. Caín estaba celoso de Abel. En la actitud hostil de los no creyentes noto un poco de jactancia, o en realidad de fanfarronería, y enemistad simulada; pero por debajo hay un anhelo secreto de ser como el cristiano.

Cuando yo era un joven de diecisiete años, fui salvo y anduve entre multitudes en mi camino a la iglesia, sin reunirme demasiado con ese grupo de personas no salvas. Una de ellas se convirtió después y me dijo: «¿Sabes qué me conmovió el corazón y me trajo convicción? Simplemente tu ir y venir entre nosotros; pero no te mezclaste. Solo ibas y venías, y eso me produjo convicción». Los incrédulos podrían decir cosas cómicas y hacer comentarios, pero en el fondo hay una incertidumbre persistente.

El inconfundible sabor de Cristo en usted

La presencia de un cristiano sincero que lleva una vida irreprochable en medio de los paganos es el instrumento más poderoso de Dios en determinar que otros busquen el evangelio de su Hijo Jesucristo. Mucha de esta hostilidad es simple bravuconería y gran parte de esa cháchara solo es jactancia. En realidad, Dios puso eternidad en lo profundo de los corazones de todo ser humano, incluso en los pecadores. Estos no quedan satisfechos cuando creen que alguien más ha obtenido aquello para lo cual nacieron, y que ellos aún no han conseguido. Estarán furiosos y dirán cosas desagradables y hasta calumnias, pero la Biblia dice que verán las buenas obras de usted.

Los seres morales no pueden razonar exitosamente por mucho tiempo en contra de la justicia. Adolfo Hitler intentó desafiar todas las leyes morales, convirtiendo la justicia en pecado y el pecado en justicia. A través de las ondas radiales rugió más fuerte de lo que cualquier otro hombre haya rugido desde los días de los toros de Basán, y sus grandes ejércitos se extinguieron. Sin embargo, ¿dónde estuvo Hitler después? A una Alemania pobre, vacilante, cansada y dolorida le tocó volver a encontrar la justicia de sus reformadores, tratando en lo posible de hallar otra vez aquellas cosas que imprudentemente abandonó bajo la intromisión de ese toro rugiente.

Una nación no puede pelear por mucho tiempo contra la justicia. No puede razonar exitosamente la validez del mal con una persona moral, ni siquiera con no creyentes que tengan cierta moralidad dentro de ellos. Cuando estos ven las buenas obras suyas, usted les habrá quitado las armas; les habrá quitado el fusil de la mano y lo habrá lanzado lejos. Ellos contenderán, hasta fanfarronearán, se pavonearán, condenarán y calumniarán «como de costumbre», pero no estarán convencidos de sus propias habladurías. Usted los habrá convencido con su vida recta.

Pedro pudo haber estado pensando en las palabras de Isaías: «¿Y qué haréis en el día del castigo? ¿A quién os acogeréis para que os ayude, cuando venga de lejos el asolamiento? ¿En dónde dejaréis vuestra gloria?» (Is. 10:3). Los traductores no saben a cuál de los dos aspectos él se refiere aquí, y yo tampoco. Si por el día del castigo o de la visitación el apóstol se refiere al tiempo de angustia en la tierra, o al día del juicio en que el Señor pida cuenta a los hombres por sus pecados, no lo sé. No afirmo saberlo. No creo que se pueda descubrir lo que Pedro tenía en mente. Lo desconozco, pero quizás él podría haber tenido en mente ambas cosas, o una de ellas. De modo que la misma persona que está en su contra, el día en que se vea angustiada se verá obligada a glorificar a Dios debido a usted. No sé si eso puede significar el día del juicio o no. Prefiero creer que se podría referir al día de angustia como cuando el pobre Job fue afligido con tribulación, y como cuando otros también experimentan tribulaciones.

Influencia de una fe firme y sencilla

Hay una extraña verdad en cuanto a vivir entre paganos. Si un hermano cristiano conocido vive a una cuadra de aquí, todos a su alrededor sonríen, encogen los hombros, y manifiestan: «Ese tipo es un fanático. Va a una buena iglesia evangélica y pasa el tiempo orando. Es un buen tipo, pero sin duda hay algo raro allí». En toda la cuadra, viven personas de iglesia, pero en realidad no son cristianas, solo gente de iglesia. Uno sale de casa por la mañana y se dirige a la iglesia. Parece un vaporizador por el humo que echa; así mismo otro sujeto va a otra iglesia, pero ninguno de ellos vive de manera correcta. Sin embargo, en la cuadra hay un cristiano del que todos saben cómo vive y se burlan de él, aunque a todos les consta su manera de vivir. Ahora, supongamos que de repente alguien padece una gran crisis. Cuando algo le sucede a alguien en esa cuadra, ¿a quién llaman? Siempre buscan al hombre de Dios, siempre.

Se puede decir mucho a favor de vivir sin hacerse notar demasiado. Solo permanezca por ahí sin impacientarse; y si usted simplemente vive en su cuadra de manera correcta el tiempo suficiente, lo calumniarán un poco; pero cuando lleguen las pruebas lo llamarán. Siempre es así. Ellos dicen cosas como: «Ah, nos gusta el Padre tal y tal, que juega a cartas con nosotros, bebe con nosotros, fuma con nosotros, y que incluso cuenta chistes vulgares. De vez en cuando es un sujeto cómico; no sabemos de dónde saca todos esos chistes». Pues bien, de pronto algo crítico ocurre en el hogar de alguno de ellos, y si saben dónde hay alguien que pueda orar enviarán por esta persona y no por el hombre que puede contarles chistes vulgares.

—Doctor, me siento agotado —expresa un individuo que va al médico—. ¿Qué me recomienda?

—Bueno, cambie de actitud, viva correctamente, tenga una dieta adecuada, duerma lo suficiente, y en seis meses no se reconocerá —declara el médico.

—Ah, doctor, eso parece anticuado —contesta el hombre encogiéndose de hombros—. ¿No tiene algo que yo pueda tomar? Quiero sentirme bien mañana mismo.

De modo que el médico pacientemente le da algunas pastillas que el hombre toma y psicológicamente cree estar mejor, pero no es así. Los estadounidenses son impacientes, y lo mismo pasa con el cristianismo estadounidense. Hoy día algunas personas quieren el cristianismo en forma de pastillas, algo que funcione rápidamente.

—No seas tan ansioso, tienes toda la eternidad para vivir —declara Dios—. Tan solo vive. Solamente espera que las cosas resulten, lucha por ellas, sé constante, vive correctamente, deja que las semanas sigan a las semanas y los meses a los meses, y mantente haciendo lo bueno y sigue orando, y saldrás ganando.

—Pero, Señor, yo quiero ganar hoy.

¿Y Hebreos 11? Algunos de esos antiguos santos creyeron a Dios y murieron sin ver que sucediera mucho de lo que esperaban. Pero todos murieron en fe. Por tanto, Dios quiere que usted viva en fe; y si tiene que hacerlo, que muera en fe. Al final ganará; y cuando se vaya dejará una agradable fragancia detrás de usted. Los demás podrán romper o destrozar el jarrón, pero el aroma de las rosas aún seguirá en el aire. Usted se preguntará qué irá a pasar con su familia, yo me pregunto qué pasará con la mía;

con mi hermano, mi hermana, mis parientes, mis cuñados. Me pregunto acerca de todos ellos. No sé bien lo que pueda hacer, pero una cosa sé. Si vivo de manera correcta y ando delante de ellos como debo hacerlo, estoy poniendo un argumento que no podrán rebatir con éxito; y quizá si simplemente soporto cualquier ataque, ellos glorificarán a Dios en el día de la visitación.

11

RELACIÓN DEL CRISTIANO CON EL GOBIERNO Y LA AUTORIDAD

Por causa del Señor someteos a toda institución humana, ya sea al rey, como a superior, ya a los gobernadores, como por él enviados para castigo de los malhechores y alabanza de los que hacen bien. Porque esta es la voluntad de Dios: que haciendo bien, hagáis callar la ignorancia de los hombres insensatos; como libres, pero no como los que tienen la libertad como pretexto para hacer lo malo, sino como siervos de Dios.

1 PEDRO 2:13-16

El gobierno humano es un orden divino. Esto dista mucho de la antigua doctrina del derecho divino de los reyes, que los ponía sobre su pueblo como dioses y les daba total autoridad para decidir la vida y la muerte. Ellos podían ser tan arbitrarios, obstinados, crueles y tiranos como decidieran serlo, y lo justificaban basándose en que nadie tenía derecho de quejarse contra el ungido del Señor. Eso es una cosa, pero no es lo que la Biblia enseña respecto al gobierno humano.

En Génesis 9 la Biblia establece claramente la idea del primer dirigente en el gobierno humano, como de parte del Señor, y se desarrolló a partir del modelo de la familia: del padre como la fuente paternal de la familia y por tanto cabeza familiar, y naturalmente su protector, defensor y sostén. Esta idea era respecto a alguien que tiene el derecho de proceder así, que recibe ese derecho al proteger, defender y ganarse el sustento para la familia. Luego la idea se extendió a la tribu según esta se desarrolló en los libros del Antiguo Testamento, y después a la aldea y a la ciudad ya más extensa. En algunos casos la ciudad constituía el gobierno mismo, como ocurrió con Atenas y Esparta. El concepto se desarrolló luego hacia las naciones, y finalmente hacia los imperios.

En la Biblia, la idea del rey es muy importante. En realidad es justo decir que no existe ninguna otra clase de gobierno reconocido en la Biblia excepto el de una cabeza, por lo general llamada rey, sobre un pueblo obediente y feliz.

La palabra «rey» no solo conlleva la idea de familia, sino que también significa alguien noble. Un rey en el concepto del Antiguo Testamento era un pariente cercano que era alguien muy noble y que había sido promovido a monarca debido a su nobleza y a su relación de sangre. Igual que un padre como protector y jefe de la familia, motivado por el amor hacia los suyos, así el rey bajo el concepto del Antiguo Testamento era alguien que estaba motivado por amor. Se relacionaba con su pueblo pero no para usurpar desde el exterior, pues se trataba de alguien con relación de sangre y que era de carácter muy noble.

El concepto del rey-dios

Algunas personas se oponen enérgicamente al concepto del rey-dios de la Biblia, donde vemos al Señor sentado en un trono alto y sublime, y que es un gran rey sobre toda la tierra; donde Cristo es llamado Rey de reyes y también Señor de señores. No obstante, dicha idea recorre como un hilo dorado a través de toda la Biblia. Algunos se oponen enérgicamente a esto, diciendo que la antigua idea del derecho divino de los reyes domina las Escrituras, y que por esa razón, se debería cambiar toda la fraseología y el concepto actual de Dios como un rey está basado en una idea primitiva y falsa de gobierno humano. Sin embargo, concuerda totalmente con el verdadero concepto de la realeza.

Un rey es un noble a la cabeza de su pueblo, que no deriva su gloria de la obediencia servil de los súbditos, sino de la felicidad y la prosperidad de ellos. Lea Salmos 72, donde el rey viene del cielo para gobernar sobre toda la tierra. Lea también Isaías 11, donde el Señor unge a Jesús como rey sobre la tierra, y usted encontrará que la gloria de un rey como soberano se deriva de la prosperidad, libertad y felicidad de su pueblo; ese es el concepto de monarca en el Antiguo Testamento.

La Biblia entera resuena con esta idea. Sin embargo, en la práctica humana la idea de rey no es perfecta porque los gobernantes son hombres, y estos son seres caídos. No hay nada perfecto. Leemos en los periódicos acerca de todos esos corazones dolidos que contestan a preguntas como: «Mi esposo se ha ido, ¿qué debo hacer?». Se trata de personas que siempre están hablando de un matrimonio perfecto. Pero usted no puede tener un matrimonio perfecto porque los dos que lo conforman son seres caídos. Usted quiere un político perfecto; sin embargo, nunca tendrá uno porque todo político, aunque se eleve a la estatura de estadista, sigue siendo un hombre caído. Usted nunca tendrá un maestro perfecto ni un niño perfecto. Nunca tendrá un perfecto ser humano, porque los humanos son personas, y las personas son seres caídos.

Así que el concepto de gobierno, si bien es divino porque gobernar es algo divino, nunca será perfecto. Usted nunca encontrará alguna forma de gobierno que no sea imperfecta porque quienes gobiernan, sea en una democracia o en una monarquía, son humanos, y los humanos son seres caídos, y los hombres caídos son seres egoístas, y los seres egoístas son malvados. Aunque no todos son malos, obviamente. Ha habido nobles, reyes y reinas de Inglaterra, que brillan como relucientes estrellas, e Inglaterra rememora con anhelo nostálgico esas grandes épocas en que gobernaron reyes nobles y justos. Lo mismo supongo que se ha dado en todas las demás naciones.

Cuando las personas discutían de política y de la forma correcta de gobierno delante del famoso Dr. Samuel Johnson, él aclaraba la garganta y comenzaba con aquellas célebres palabras: «Señor, me parece que poco importa la forma de gobierno que prevalezca en una nación, las personas serán felices tan solo si los gobernantes son hombres justos». Eso es algo digno de ser escrito en los pasillos del Congreso y en todo lugar en todo el mundo. El pueblo será feliz si nuestros líderes son hombres justos. Pero no todos son hombres justos, porque son seres humanos y están sujetos a la misma tentación que todos los demás.

Un recordatorio acerca de la prueba de los textos

El apóstol nos exhorta en 1 Pedro 2:13-16 a obedecer pacíficamente al gobierno, y esto es lo que se debe entender por estas palabras de Pedro y también por otros pasajes bíblicos. Recuerde siempre que en la Biblia la verdad nunca se descubre por decir: «Eso está escrito», sino por decir: «Eso está escrito y está escrito otra vez». La verdad no se encuentra únicamente en un versículo; se halla en un versículo más otro, más otro, más otro hasta que toda la verdad de Dios yace ante usted. Si usted toma un versículo solamente y lo vuelve supremo, y rechaza todo lo demás, podría estar enseñando al mundo alguna clase de doctrina absurda.

«No hay Dios», dice un versículo en la Biblia, y hasta hoy día en las oficinas y los lugares de trabajo las personas atacarán al joven cristiano que aún no conoce mucho de las Escrituras, y le dirán: «La Biblia dice que no hay Dios». Pero la verdad no se debe hallar en un solo versículo que dice: «No hay Dios», sino en ese versículo más todo los demás. Si usted lee todo ese versículo descubrirá que afirma: «Dice el necio en su corazón: No hay Dios» (Sal. 14:1).

Alguien podría sugerir: «Sé que Dios es un ser creado porque debió venir de alguna parte. Todo el mundo tiene que venir de alguna parte en algún momento». ¿Qué clase de teología es esa? Nada de eso se basa en una prueba genuina y sólida que resista un buen análisis. Repito, tenemos necedad porque hay quienes toman un solo versículo sin tomar en cuenta ningún otro.

Una criada cristiana trabajando en una casa vio una preciosa pieza de joyería. Le gustó, y se apoderó de ella. El robo fue descubierto, y la enfrentaron.

—Bueno, soy cristiana, y la tomé porque era mía —respondió la mujer sonriendo.

—¿Cómo razonas de ese modo? —le dijeron.

—¿No dice el apóstol Pablo que todas las cosas son nuestras? —replicó la criada.

La mujer imaginó que si todas las cosas eran de ella, podría muy bien agarrar lo que le pertenecía. Ese es un mal uso de la

Biblia. Cuando leemos: «Por causa del Señor someteos a toda institución humana, ya sea al rey, como a superior, ya a los gobernadores... Porque esta es la voluntad de Dios», debemos tomar esto como parte de una gran verdad (necesaria, correcta y adecuada) que debemos obedecer pero que también debemos entender junto con otras verdades.

Por ejemplo, el mismo Pedro, el hombre que escribió estas palabras de nuestro texto, estuvo una vez en problemas con las autoridades. Había predicado y orado, y las autoridades lo llevaron a un lado y lo enfrentaron: «Y llamándolos, les intimaron que en ninguna manera hablasen ni enseñasen en el nombre de Jesús» (Hch. 4:18). Pedro, sin dejarse desalentar por las amenazas de ellos, dijo que juzgaran si era mejor obedecer a Dios antes que a los hombres (ver v. 19). Entonces rápidamente salió y comenzó a predicar. El mismo Pedro que dijo «Someteos a toda institución humana» se negó a obedecer una orden humana cuando esta entró en conflicto con la Palabra de Dios.

Es perfectamente justo que usted estacione su auto en el lugar correcto, que observe las leyes de tránsito, que pague sus impuestos, y que cumpla las leyes de la nación. Pero si las leyes de la nación le dijeran alguna vez que usted no puede orar, entonces como dijera Shakespeare de otra ley: «Es mejor observada en teoría que en la práctica». Soy mejor cristiano si incumplo una ley que me dice que no puedo orar, que si la cumplo.

¿Cuántas leyes existen en nuestra nación? ¿Cuántas leyes había en la época de Pablo que les decían a las personas que no podían hacer lo bueno? En su mayor parte, hasta en los peores países las leyes están hechas para que los ciudadanos se mantengan honorables y ordenados, y se muestren justos, correctos y tan buenos como pueda ser la humanidad caída. Por tanto, casi nunca hay un conflicto entre las ordenanzas humanas y las leyes de Dios, pero dondequiera que ese conflicto ocurra, debería haber desobediencia.

Podría llegar una época en que solo personas buenas estén en las cárceles; estos lugares fueron creados por funcionarios buenos para encerrar a los ciudadanos malos porque estos últimos formaban la minoría. Además, al poner a un tipo malo en la cárcel se lo sacaba de circulación. Así que personas buenas hicieron de mala gana cárceles para meter allí a los malos. Sin embargo, cabe la posibilidad de que una nación se degenere moral y políticamente hasta el punto en que la mayoría sea malvada. En ese caso, los únicos encerrados en la cárcel serían los buenos. Simplemente, sacarían a los malos de las cárceles y pondrían en ellas a los buenos. Algo parecido sucedió en Rusia, Alemania y China.

Cuando un cristiano desobedece a la autoridad

Esta regla es doble. Las leyes que gobiernan las relaciones sociales y las regulaciones civiles se han de obedecer sin cuestionar. Los cristianos no deben ser infractores de la ley, pues las disposiciones están para encaminar vidas buenas, pacíficas y respetuosas de esas leyes. Al hacerlo así los creyentes acallarán a sus detractores. Pero la otra cara del asunto es que las leyes que interfieran con nuestros deberes hacia Dios deben considerarse no obligatorias para todos los cristianos.

Daniel estaba en Babilonia y como hombre honrado, cumplidor de la ley y decente, le habían dado una elevada posición. Servía a su Dios sin romper las leyes divinas mientras cumplía las leyes de Babilonia. Entonces, un día aprobaron una ley que le prohibía orar. Daniel violó esa ley sin siquiera preguntar si debía hacerlo. La rompió justo en el medio. Descartó una parte aquí y otra allí, y se mantuvo en oración posicionado hacia Jerusalén. Por supuesto, lo metieron al foso de los leones; pero Daniel no sufrió daño alguno. Salió perfectamente bien. El Dios Todopoderoso, Rey de todos los reyes, anuló al desconcertado monarca y salvó a Daniel.

Dios no siempre hace eso. Ha habido decenas de miles de mártires que han dado sus vidas por obedecer las leyes de Dios en medio de una sociedad que ha afirmado que las leyes divinas son malas, y que ha prohibido al pueblo obedecerlas.

Creo que tenemos la clave aquí en nuestro texto bíblico, y es tan sencilla que cualquiera que camine en la vida cristiana no debería equivocarse. «Por causa del Señor someteos a toda institución humana, ya sea al rey, como a superior, ya a los gobernadores, como por él enviados para castigo de los malhechores y alabanza de los que hacen bien. Porque esta es la voluntad de Dios: que haciendo bien, hagáis callar la ignorancia de los hombres insensatos».

Cuando la ley humana no entra en conflicto con las leyes de Dios, el deber del cristiano es cumplir esa ley. Pero tan pronto como entra en conflicto con la ley de Dios, el deber del cristiano es ser instantáneamente un violador de tal ley humana. El momento en que nos digan desde el palacio de gobierno que no podemos predicar el evangelio, nuestro deber sagrado es predicar el evangelio e ir a la cárcel. Pero estoy feliz por nuestra nación, y contento de que por el momento no tengamos esa clase de problema.

Desde luego, esto es así porque Dios está por encima de todo, y Cristo trasciende todas las naciones, todas las leyes, y todos los países. Sin embargo, tengamos cuidado al tratar de nacionalizar el cristianismo. Hay un gran peligro al tratar de fusionar el cristianismo con la política y usar el evangelio de Cristo como una herramienta para fines políticos. Ojalá nunca ocurra eso. La verdad se sostiene a sí misma y no se la debe usar como una herramienta para un fin que yace fuera de esa verdad.

Hay quienes usan lo bueno como un medio para fines políticos. Y todavía existen aquellos que mezclan y confunden al cristianismo con alguna forma de gobierno en que el uno existe para apoyar al otro. Esto siempre es malo. Adolfo Hitler intentó utilizar el cristianismo como una herramienta del estado, y fracasó. José Stalin también lo intentó y fracasó. El Dios Todopoderoso, el Rey soberano, no permitirá que hombres insignificantes conviertan la verdad en una herramienta para fines egoístas. Por tanto, no nos atrevamos a comparar el cristianismo con ningún patriotismo, americanismo, ni ningún otro «ismo». Hacer eso es malinterpretar totalmente a Cristo y descarriarse en cuanto a la interpretación de la totalidad del reino de Dios en la redención.

El reino de Cristo por encima de todo

Había democracia antes de que Cristo naciera en Belén o muriera en la cruz, y el cristianismo ha florecido en tierras donde no había democracia. Por tanto, cristianismo y democracia no son lo mismo. Ciertamente, las influencias del evangelio cristiano han suavizado los asuntos políticos, han hecho surgir un sentimiento de aprecio por el individuo, y nos han dado la libertad que hemos dejado en el mundo. Además, en la medida que al cristianismo se le permita suavizar y conmover los corazones de los hombres, aún viviremos en lo que llamamos un mundo libre. Pero no olvidemos que cristianismo y democracia no son lo mismo.

La Iglesia se levanta por encima de todos los gobiernos. Jesús expresó: «Se levantará nación contra nación, y reino contra reino» (Mr. 13:8). El himno «Firmes y adelante» por Sabine Baring-Gould (1834-1924) contiene estas palabras:

Tronos y coronas pueden perecer;
De Jesús la iglesia constante ha de ser;
Nada en contra suya prevalecerá,
Porque la promesa nunca faltará.

En Mateo 25:31-33, Jesús afirmó: «Cuando el Hijo del Hombre venga en su gloria, y todos los santos ángeles con él, entonces se sentará en su trono de gloria, y serán reunidas delante de él todas las naciones; y apartará los unos de los otros, como aparta el pastor las ovejas de los cabritos. Y pondrá las ovejas a su derecha, y los cabritos a su izquierda». Entonces el Señor emitirá las palabras de condenación y bendición, irguiéndose por encima de todas las naciones, de pie en lo alto de todo y por encima de todo.

Resulta que somos peregrinos en una nación, la cual, sin ninguna idea patriótica, creo que es la más fabulosa y la mejor de las naciones del mundo. Estamos agradecidos por eso, pero hay que destacar que el cristianismo también ha florecido en las cortes de César. Ha florecido bajo la espada centelleante de los paganos. Aún está floreciendo en China; no dejemos que ellos nos digan que no es así. No cabe duda que en ese país el cristianismo es clandestino. Además, en la Rusia actual hay hombres estoicos de botas desgastadas de la Iglesia Ortodoxa rusa que creen en el Dios Padre Todopoderoso y en Jesucristo su Hijo unigénito, nuestro Señor.

El evangelio de Cristo se yergue por sobre todos los «ismos», los puntos de vista políticos, los partidos y todo lo demás. Mientras estemos aquí en medio de estas aguas turbulentas haremos todo lo posible por apoyar a los mejores partidos políticos que conozcamos, viviremos en obediencia, y seremos ciudadanos buenos y respetuosos de la ley. Pero sabremos siempre que estamos aquí solo por un corto período; sabremos siempre que esta bondad que vemos a nuestro derredor en el medio político no es cristianismo. Solo es algo que Dios, en su soberanía, ha permitido que pase para los últimos días. Dios nos ha concedido toda esta prosperidad económica a fin de que pudiera haber dinero para evangelizar en los últimos tiempos. Él nos ha dado toda esta libertad política para que podamos enviar misioneros durante los últimos días. Americanismo no es cristianismo. El reino de Dios no tiene nacionalidad. Solo tiene a la especie humana dentro de su amplio marco y al Hijo del hombre como su líder y Rey.

Estamos unidos y nos uniremos hacia la nueva creación. «Os habéis acercado al monte de Sion, a la ciudad del Dios vivo, Jerusalén la celestial, a la compañía de muchos millares de ángeles, a la congregación de los primogénitos que están inscritos en los cielos, a Dios el Juez de todos, a los espíritus de los justos hechos perfectos, a Jesús el Mediador del nuevo pacto, y a la sangre rociada que habla mejor que la de Abel» (He. 12:22-24). Esta nueva creación trasciende las líneas nacionales, lingüísticas y raciales, y se levanta por encima de todo hacia el monte de Sion, la ciudad del Dios vivo.

Espero que valoremos adecuadamente todo lo antedicho. Espero que no seamos culpables de ingratitud o ni siquiera de descuido al pensar en todo esto. Espero que estemos agradecidos a Dios por la libertad política que nos permite actuar sin amenazas de cárcel o muerte; pero aún más, que seamos agradecidos al Señor por esa línea nacional que trasciende toda especie y que va más allá del mismo evangelio para llevarnos al reino de la nueva creación y hacernos hijos e hijas de Dios.

12

NO SE PUEDE DAÑAR AL CRISTIANO

¿Y quién es aquel que os podrá hacer
daño, si vosotros seguís el bien?
1 PEDRO 3:13

Esta es una pregunta retórica y, como se sabe, una pregunta retórica es la que expresa la respuesta en sí misma; no se tiene que contestar. La respuesta simplemente es: nadie. Desde luego, hay algo respecto a lo que dice en Romanos 8:33-39:

> *¿Quién* acusará a los escogidos de Dios? Dios es el que justifica. *¿Quién* es el que condenará? Cristo es el que murió; más aun, el que también resucitó, el que además está a la diestra de Dios, el que también intercede por nosotros. *¿Quién* nos separará del amor de Cristo? ¿Tribulación, o angustia, o persecución, o hambre, o desnudez, o peligro, o espada? Como está escrito: Por causa de ti somos muertos todo el tiempo; somos contados como ovejas de matadero. Antes, en todas estas cosas somos más que vencedores por medio de aquel que nos amó. Por lo cual estoy seguro de que ni la muerte, ni la vida, ni ángeles, ni principados, ni potestades, ni lo presente, ni

lo por venir, ni lo alto, ni lo profundo, ni ninguna otra cosa creada nos podrá separar del amor de Dios, que es en Cristo Jesús Señor nuestro (cursivas añadidas).

Resalté tres veces el pronombre personal «quién» en este pasaje a fin de que usted pueda ver cómo el Espíritu Santo trata con el lenguaje. Él dice: «¿Quién acusará a los escogidos de Dios?». «¿Quién es el que condenará?». «¿Quién nos separará?». Ese es un pronombre personal que implica personalidad, pero luego el Espíritu Santo usa aspectos neutrales: «Por lo cual estoy seguro de que ni la muerte, ni la vida, ni ángeles, ni principados, ni potestades, ni lo presente, ni lo por venir, ni lo alto, ni lo profundo, ni ninguna otra cosa». Esto nos muestra que cuando el Espíritu dice «quién» incluye no solo a la persona que podría querer hacernos daño, sino también a las cosas que podrían querer perjudicarnos. Esto me brinda mi tesis: Nada puede dañar a un hombre bueno, ni personas, ni cosas, ni circunstancias.

Cómo definir «dañar»

Paso a explicar lo que significa ser dañado. No me gusta usar palabras que no estoy seguro de que mis lectores entiendan. Si utilizo una palabra que significa una cosa, y usted le da otro significado, muy bien podríamos estar hablando en chino. Por tanto, defino la palabra «daño» o «dañado» en mi propio lenguaje. Ni siquiera miré el diccionario; pensé lo siguiente: «dañar» es «degradar la calidad». Ese es un significado de la palabra «dañar».

Un daño ocurre al oro si se lo puede degradar convirtiéndolo en plata. Eso sería dañar el oro. Y si a la plata se la pudiera degradar volviéndola hierro, eso sería dañar la plata. Y si continuamos, podríamos degradar el hierro volviéndolo plomo; eso sería degradar el hierro. Si luego convertimos el plomo en arcilla, eso sería degradarlo aun más. Un daño sería un deterioro en calidad que estropearía una cosa o a una persona.

Una segunda definición que yo daría es que «dañar» significa «reducir en dimensión o cantidad». Por ejemplo, en un edificio que tiene mil oficinas se produce un incendio, se hace explotar una bomba, o se ve afectado por un terremoto, y grandes secciones o alas del edificio quedan destruidas, de tal modo que se reduce digamos a cincuenta oficinas. Eso sería dañar la edificación pues se reducirían sus dimensiones.

De modo que, tratándose de seres humanos, diríamos que «dañar» significa «impedir el cumplimiento de nuestro destino». La mayoría de personas no lo sabe, pero usted equivale a algo. Dios lo hizo a imagen de Él. Usted tiene un destino que cumplir, y dañarlo a usted significaría obstaculizar ese destino de alguna manera, e impedir que este se cumpla. Dañar significaría obstruir el logro de la tarea que le fue asignada. Dios ha fijado una tarea para todos nosotros, y si de algún modo lo pueden engañar a usted para que no cumpla la suya, usted se vería perjudicado o reducido en valor. Si de alguna forma u otra alguien o algo puede apoderarse de mí y devaluarme para que yo ya no signifique en el esquema eterno de las cosas tan altamente como antes significaba, sino que soy reducido en valor, he sido depreciado como dinero devaluado, y he sido perjudicado.

En esa definición puedo afirmar que nada puede dañar a un buen hombre o a una buena mujer que sigue lo que es piadoso. Nada puede degradar su calidad ni reducir sus dimensiones, nada puede evitar el cumplimiento de su destino, nada puede entorpecer la realización de su tarea asignada, y nada puede disminuirle su valor ante Dios y el universo. Estas cosas no pueden dañar a un hombre bueno. Solo el pecado puede degradarnos y menoscabarnos; y si tratamos con el pecado, debemos estar perfectamente seguros que nada más nos puede tomar. Es decir, nadie puede ser reducido en tamaño por algo que cualquiera pueda hacerle, pues no podemos ser reducidos en tamaño.

Recuerdo lo que hace años el astuto Douglas MacArthur dijo respecto a cierto hombre: «Cada día él se hace más y más pequeño, tratando de ser lo suficientemente grande para cumplir con su trabajo». Personalmente usted puede decrecer más y más; y si quiere hacerlo, puede degradarse. Puede reducir su tamaño y sus dimensiones morales, pero nadie puede hacerle eso a usted, y nada ni ninguna combinación de cosas lo pueden rebajar.

Perspectiva del daño terrenal

Piense en nuestro destino como seres humanos hechos a imagen de Dios. Tenemos una posición enaltecida. A menudo afirmo que hay una humildad mórbida que está deshonrando al Dios Todopoderoso. Dios me hizo a su semejanza y al margen del pecado; no tengo absolutamente nada de qué disculparme. Es una humildad degradada que se arrastra como un perro por la acera y expresa: «Perdón por vivir. Moriré tan pronto como lo consiga. No soy bueno para nada». Esa clase de situación deshonra al Dios Todopoderoso. «¿Dirá el barro al que lo labra: ¿Qué haces?». Igualmente, ¿quién es usted para criticarle la casa al arquitecto que la diseña?

Dios lo hizo a usted superior a los ángeles pues lo que Él

afirmó respecto a usted nunca lo dijo acerca de ningún ángel: que lo hizo a la propia imagen de Él. Usted solo tiene una cosa que lamentar y de qué avergonzarse, y es del pecado que empaña esa imagen. Así que, como ser humano, usted tiene un destino y un alto llamado moral. Yo le pregunto: ¿quién puede cambiar eso? ¿Quién puede deshacer esa imagen en usted? ¿Quién puede hacer de usted algo menos de lo que Dios quiso que fuera, excepto usted mismo y el pecado que mora en usted?

Luego está nuestra labor asignada. Todo el mundo tiene una tarea que cumplir. Nunca creí en este concepto de Ana la huerfanita para los seres humanos. Nunca creí que fuéramos huérfanos desde niños, desamparados, flotando impulsados por un viento tras otro, cambiados y devueltos por toda contracorriente, sin ninguna clase de hogar ni de principio, y sin un lugar seguro en el cual vivir. Todo eso podrá ser deísmo o agnosticismo, pero no es cristianismo, ni es bíblico. La Biblia enseña que hay un Dios soberano que ha señalado los caminos de la humanidad. Enseña que Él amó tanto al mundo que dio a su Hijo unigénito. También enseña que la misma segunda persona de la Santísima Trinidad descendió y se hizo a semejanza de carne mortal con el fin de poder redimirnos. Dios no haría algo así por ninguna criatura cuyo valor fuera algo menos que infinito. Por tanto, ¿puede imaginarse que alguien pueda quitarle ese valor, que pueda hacerle un poco menos de lo que usted es? Si así lo cree, está trágica y tristemente equivocado. Es imposible que alguien nos reduzca de valor. Nadie puede hacerlo, y esa es nuestra posición.

Usted puede cuestionar: «Muy bien entonces, ¿qué quiere decir, Sr. Tozer? ¡El universalismo aduce que todos los hombres en todo lugar serán salvos!».

No creo nada de eso. Pero sí creo que ninguna circunstancia

externa puede dañarme, y que nadie que no sea yo puede reducir mi valor ni lastimarme en alguna manera. Sin embargo, sí creo que yo mismo puedo causarme daño. Creo que puedo herir mi propia alma, y que nadie fuera de mí mismo puede hacerlo. Si no me cuido, puedo hacerme daño dentro de mi propio corazón.

¿Puede dañarnos la tentación?

No solo creo que nadie pueda dañarme, sino que también creo que nadie puede dañar a alguien más. A veces usamos muy a la ligera el lenguaje. Un hombre roza a otro y decimos: «Le ocasionó una herida». Un individuo empieza a calumniar a otro y decimos: «Le dañó la reputación». Pero estamos usando las palabras con mucho descuido. El simple hecho es que nadie puede dañar a alguien más; lo único que puede hacer es ponerle tentación en el camino y hacer lo posible para que esa persona se hiera a sí misma.

Daré ilustraciones bíblicas de esto. Recuerde a Adán y Eva en el huerto del Edén. Alguien podría decir: «¿Cómo puede usted afirmar eso, señor? El diablo perjudicó a Adán y Eva». Yo replico: «El diablo no hizo eso».

Satanás no perjudicó a Adán ni a Eva. Simplemente les dijo cómo perjudicarse ellos mismos, y fueron lo suficientemente tontos para aceptar la proposición. Si se hubieran puesto firmes en su propia piedad y hubieran creído a Dios, ninguno de los dos habría salido perjudicado ni habrían tenido que decir que el diablo los perjudicó, y por tanto no habrían salido dañados. Pero ellos aceptaron la proposición de que debían perjudicarse a sí mismos y por tanto se hicieron daño. A menos que usted abra la puerta y permita que el diablo entre, él es totalmente inofensivo y no puede lastimar a nadie.

Más tarde, ese mismo diablo que tuvo éxito al tentar al primer Adán para que se dañara a sí mismo, se acercó al segundo Adán y comenzó la misma artimaña infame. ¿Hasta dónde llegó con el segundo Adán? A ninguna parte, porque el segundo Adán no se dañó a sí mismo. El primero lo hizo, pero el segundo, nuestro Señor Jesucristo, se negó a hacerlo, pues se afirmó en su propia espiritualidad y en su propia fe, y expresó: «Escrito está», y el diablo se alejó avergonzado porque no tuvo éxito en hacer que el segundo y último Adán se perjudicara. Jesucristo fue más listo. No cedió a la tentación, y así nadie lo dañó, ni tampoco el diablo pudo hacerlo. Nunca he sido alguien muy consciente del diablo. Siempre he sido un poco temeroso de aquellas personas relacionadas con el mundo de las tinieblas. No creo que se deba visitar el inframundo, ni siquiera con el propósito de escribir un artículo. Creo que debemos alejarnos y salir del inframundo.

A esa vieja Madame Fulana de Tal con un trapo enrollado en la cabeza, que adivina el futuro en un sucio sótano... déjela sola, aléjese de ella. ¿Qué está buscando al entrar allí? A menos que usted esté llevando el evangelio y congregándose en ese lugar, ¿para qué quiere bajar a ese cuchitril? Antes que nada, ¿por qué quiere estar allí? ¿Por qué andar con asesinos, vagabundos, drogadictos y atracadores? Aléjese de ellos, y no ande nervioso y asustadizo con relación a esas personas.

¿Por qué debemos siempre ser conscientes del maligno? He conocido individuos que estuvieron en tal contacto con el diablo que este les estuvo respirando en la nuca todo el tiempo, y ellos oraron sin cesar suplicando frenéticamente: «Oh, Señor, libérame y ayúdame». Puedo darme cuenta de que quizás en algún momento en su vida usted tendrá un encuentro con el diablo y realmente deberá ponerse de rodillas y orar. Pero en la mayoría de los casos, si usted se olvidara del diablo y enfocara su atención en el eterno, imperecedero y victorioso Hijo de Dios, derrotaría al diablo y lo dejaría impotente.

Por tanto, solo usted puede hacerse daño. Deje de mirar atrás creyendo que el diablo lo está alcanzando. Él nunca lo alcanzará si por fe usted cree que nadie puede dañar a un hombre piadoso.

¿Puede dañarnos una lesión física?

Permítame señalar algunas cosas que las personas creen erróneamente que las dañan. Algunos piensan que una herida física daña al hombre, pero yo no lo creo. Epicuro, filósofo y estoico griego, tenía algunas buenas ideas. Él manifestó: «¿Qué sentido tiene preocuparse por lesiones y daños externos? He de morir. Pues bien, ¿debo morir quejándome? Me van a encadenar; bueno, ¿debo también estar lamentándome? Me han de exiliar; pues bien, ¿qué me impide ir sonriendo y alegre? Ni siquiera el mismo Zeus puede obtener lo mejor de mi espíritu libre».

Aquellos con autoridad amenazaron: «Lo meteré preso. Le voy a decapitar ese miserable cuerpo». Epicuro contestó: «¿Les dije alguna vez que yo era el único hombre sobre la tierra con una cabeza que no se puede separar del cuerpo?». ¿Qué puede hacer usted con un hombre como ese? Por desgracia, los cristianos no tenemos tanto sentido común. Si oímos que han encarcelado a alguien en Indochina o Colombia, escribimos un extenso tratado al respecto y decimos: «Han dañado a esa persona».

Creemos que la herida física o ayuda o perjudica a las personas. No es así. Tome por ejemplo en la primera parte de la historia humana a Abel quien, por ser un tipo espiritual, no era del agrado de su hermano; de modo que Caín lo sacó y lo golpeó. La

Biblia no dice cómo sucedió, probablemente no quería matarlo y solo quería darle una buena paliza, pero Caín no era consciente de sus propias fuerzas, y cuando se apartó su hermano ya estaba muerto. Así que le lanzó algunas hojas encima, y allí quedó Abel, con su sangre clamando venganza. Sin embargo, ¿fue dañado Abel? ¿Fue de alguna forma menos valioso para Dios? No, siguió siendo el mismo gran creyente Abel que había sido antes, y aunque su pobre cuerpo yacía entre hojarasca y tierra, seguía siendo un hombre tan grandioso, fuerte e importante como siempre había sido.

Cuando mataron a Esteban a pedradas, ¿cree usted que le hicieron daño mientras las piedras le golpeaban las costillas y la cabeza, y finalmente lo mataron? No, no fue así. Le lastimaron el cuerpo, pero no dañaron al hombre. Le mataron el cuerpo, pero no le tocaron el alma. ¿Quién podía dañar a Esteban? Él era un seguidor de lo que era bueno. Era un hombre lleno del Espíritu Santo y de sabiduría; usted no puede herir al Espíritu Santo ni puede lastimar la sabiduría. Así que Esteban siguió siendo tan valioso en el esquema de las cosas, tan maravilloso y tan grande como lo fue antes de que lo mataran.

Este hombre de quien leemos en Hechos 12, Santiago, a quien mataron a espada, ¿lo perjudicaron? De ningún modo. Lo único que hicieron fue separarle la cabeza del cuerpo, y de todos modos él ya no tenía necesidad de cabeza. Si tan solo supiéramos lo poco que necesitamos la cabeza no seríamos tan cuidadosos de ese pobre y vacío objeto. En realidad, nuestras cabezas no significan mucho. El Dios Todopoderoso nos hace correr y vivir por el poder del corazón. Dios no dice que sopló aliento de vida en el hombre y este se convirtió en una cabeza viviente, sino que le sopló aliento de vida y el hombre se convirtió en un alma viviente. El Señor le puso a usted en la cabeza la clase de volante para mantenerlo fuera de los problemas y para ayudarle mientras esté aquí abajo, pero usted es espíritu. Él lo hizo espíritu y esa es la parte que nadie puede tocar. Podría también referirme a Pablo, Pedro y a todos los demás en sus persecuciones.

Esos primeros cristianos vestían pieles de cabras, y andaban como indigentes en desiertos, montañas, cuevas y cavernas. Fueron perseguidos; pero la persecución vino de afuera, y de ninguna manera podía llegar al interior. La genialidad del cristianismo es la condición interior, que el reino de Dios está con usted y dentro de usted. Es el interior suyo lo que importa, y la persecución solo puede llegar a lo externo. El perseguidor no puede entrar a la mansión del alma cristiana. No puede afectarle de ninguna manera.

¿Eran estas personas vestidas con pieles de cabra menos valiosas que el rey, que Pilato vestido de seda? No, porque la seda y la piel de cabra pertenecen al cuerpo, mientras que el valor del hombre yace en su interior.

Hace años, algunos misioneros fueron martirizados, y durante los cinco años siguientes esto dio munición a la prensa, a poetisas jóvenes y a predicadores conmovedores. Los cristianos fueron asesinados por la causa de Cristo. No los dañaron en absoluto, solamente los pusieron de rodillas, los hicieron agachar, y los decapitaron, pero no se apoderaron de ellos. No llegaron a sus espíritus ni les atravesaron la esencia cortándoles la cabeza. Ahora ellos están con el Señor, y las almas de los justos están en manos de Dios, y ninguna adversidad las puede dañar.

Sé que parece que por un tiempo ellos hubieran recibido daño. En realidad, Dios los ha librado de problemas futuros. Así que fue una victoria que ellos se fueran a casa, no una derrota.

Ya que estamos en la tierra y a veces nuestra fe no penetra nada, pensamos como piensan los hombres, evaluamos como evalúan los hombres, y nuestra escala de valores es la de Adán y no la de Dios. Armamos gran alboroto si alguien en el cumplimiento del deber muere en el campo de batalla de la fe. Esto se debería tomar con calma como una cuestión de rutina; además, cuando un hombre se va deberíamos cantar: «Hosanna a Jesús en las alturas, otro ha entrado en su reposo, otro ha escapado al cielo y está absorto en los brazos de Emanuel». A nadie se le daña cuando lo matan; a nadie se le hiere cuando muere si es cristiano.

¿Puede dañarnos la calumnia?

Luego viene la calumnia. Algunas personas se encuentran desesperadamente nerviosas de que alguien las calumnie. A Cristo lo calumniaron; sin embargo, ¿le dañó esto de alguna manera? Dijeron que Él tenía un demonio y muchas otras cosas terribles, pero esto nunca dañó a Jesús. Esto no cambió el amor de Dios por su Hijo, no quitó la corona del corazón y la cabeza del Salvador, ni lo hizo algo menos de lo que era. Aquello no cerró un solo cuarto en la mansión de su alma; no lo perjudicó en modo alguno. La calumnia no daña a nadie.

¿Puede dañarnos el maltrato verbal?

También está el maltrato verbal. Esto es algo que los buenos de todas las edades han tenido que sufrir. Supongo que antes de que Caín matara a Abel, lo degradó en gran manera. Creo que Caín lo maltrató verbalmente antes de matarlo, y a lo largo de los años los justos han sufrido maltrato a manos de los injustos.

Los nacidos dos veces tiene que recibir insolencias de los nacidos una vez.

El maltrato verbal ha quitado muchas cosas de la humanidad, pero no se ha llevado el poder de la palabra. Un pecador puede sencillamente ser tan elocuente como un santo, pero puede ser mucho más eficaz porque es más desinhibido en el uso de las palabras. Cuando un santo empieza a contestar a un pecador, tiene que ser cuidadoso y parecer cristiano. Pero cuando un pecador actúa contra un santo, no tiene trabas y este último debe tener la gentileza de aceptar y escuchar los insultos que le lanzan. Ese pecado no quita poder a la palabra. El pecador puede todavía maldecir e irritarse, pero el hombre de fe ve esto y sabe que aquel no es más que un cuervo posado en la rama seca de un roble maldito, graznando insinuaciones contra la paloma. Esta no puede responder porque es una paloma, y por tanto se mira modestamente los pies rosados y emite tiernos sonidos como paloma que es; y puesto que no reacciona, el cuervo cree que ha ganado el debate. Pero lo único que ha hecho es demostrar que es un cuervo.

Si usted no ha sufrido maltrato, que Dios le ayude, pues no está donde debería estar. Si es maltratado, piense en ese sujeto que lo maltrata como uno de los cuervos de Adán: un ave rapaz posada en una rama seca, graznando su desagrado contra lo espiritual. Usted podría darse el lujo de soportarlo. Llegará el día en que Dios vengará a todo su pueblo, pero mientras tanto el cuervo no le hará ningún daño a usted, pues este solo llegará hasta el oído, y el oído no es usted. Los insultos no pasarán del oído suyo a menos que usted permita que pasen. Supongamos que el sujeto que lo insulta logra que usted lo odie; entonces usted mismo se ha dañado. Supongamos que el hombre que lo persigue lo tienta a la maldad; entonces usted mismo se ha hecho daño. Supongamos que usted porta un espíritu malhumorado en el pecho; entonces usted se ha perjudicado, pero el diablo no lo hizo, sino usted mismo. Mantenga lejos de su pecho al perseguidor, aleje el odio de su corazón, rechace la maldad de su espíritu y usted será tan sólido como el oro y nada le podrá dañar ni atrapar.

¿Puede dañarnos la muerte física?

Lo último es la muerte. Por lo general, todos aquí abajo entre los hijos de Adán estamos de acuerdo en que matar a alguien es la última jugarreta sucia que se le puede hacer a esa persona. Hasta las leyes basadas en el temor a la muerte dicen: «Si usted asesina, nosotros lo mataremos». El temor a la muerte es lo que frena al hombre. Y generalmente concordamos en que matar es incurrir en el más grande daño, en el más grande perjuicio. Esta es la filosofía de Adán, no la de Dios. Este terrible miedo a la muerte no es enseñanza bíblica. «Estimada es a los ojos de Jehová la muerte de sus santos» (Sal. 116:15).

Yo no subestimaría la muerte y en ninguna manera trataría de enaltecerla poéticamente; tampoco mostraría que no se trate de algo que nos impacte, alarme o asuste. Mentiría si intentara hacer algo así. Pero creo que la muerte es la última humillación del diablo. Es el último ataque feroz que el maligno ejecuta sobre el tabernáculo del Espíritu Santo, pero este tabernáculo es lo único que puede alcanzar. «No temáis a los que matan el cuerpo, mas el alma no pueden matar; temed más bien a aquel que puede destruir el alma y el cuerpo en el infierno» (Mt. 10:28). Aquel solamente es el tabernáculo, y el diablo no solo es malvado, sino que es sucio; y no solo que es sucio, sino obsceno. Satanás aborrece al pueblo de Dios con un odio tan antiguo como los siglos, y tan sombrío como el foso al que irá a parar. Por tanto, el diablo querrá matar al pueblo de Dios. Amontonará todas las vejaciones posibles sobre los cristianos, los retorcerá, los destrozará, y hará que sus cuerpos luzcan horribles.

Uno de los hombres más santos que he conocido ha sido para mí un ejemplo extraordinario de espiritualidad en esta época degenerada. Él ha llevado una vida larga y útil. Lo han perseguido, ha soportado mucho sufrimiento, pero nunca ha abierto la boca para responder. Es tan humilde como una alfombra, y su oración es tan noble como un águila; este hombre es un gran predicador de la verdad.

Yo no lo había visto durante casi un año. Decir que me sorprendió cuando lo volví a ver sería faltar a la verdad. Esos ojos ardientes miraban apagados a través de cuencas hundidas. Aquel rostro agradable, más bien sencillo pero fuerte y de buen aspecto, se había convertido en una sombra. El cuerpo robusto estaba ahora inclinado, los brazos y las piernas aparecían a través de la ropa como palos, y sentado miraba el suelo. La muerte yacía como un buitre volando en círculos sobre él, esperando; y a menos que el Dios Todopoderoso realice un milagro en los próximos tres meses, ese cuerpo cansado, enfermo y santo será el juguete de las fuerzas diabólicas que lo destruirán, le harán palidecer, lo demacrarán, y le harán lucir peor que hoy. Entonces la elocuente lengua callará y la venda caerá sobre esos ojos brillantes.

Sin embargo, no se llevarán nada. El diablo reirá y dirá: «He disfrutado esta vejación contra el templo que he odiado». Pero no habrá perjudicado en absoluto al hombre de Dios. Ni pueden dañarlo todos los trucos del diablo, ni puede hacerlo el empresario de pompas fúnebres, el embalsamador, ni el sepulturero. Tampoco pueden hacerle daño las lentas fuerzas de la naturaleza que harán polvo este cuerpo mortal, porque mi amigo fue hecho a imagen de Dios, fue redimido por la sangre del santo Hijo de Dios, y dio cabida al Espíritu Santo. Por tanto el Padre, el Hijo y el Espíritu Santo han convertido el alma de este hombre en su morada, y la muerte no puede llegar a habitar allí. Él es tan joven como cuando tenía veinticinco años, y se encuentra tan sano y robusto como en el momento más saludable de su vida, solo que el cuerpo está sufriendo, eso es todo.

John Adams, el segundo presidente de los Estados Unidos, estaba bastante viejo y era un emérito estadista que andaba por las calles de Washington.

—Sr. Adams, ¿cómo estás? —le preguntó un amigo que se encontró con él.

—Bien —contestó el anciano—. Estoy muy bien. Nunca estuve mejor en mi vida, pero mi lugar de morada está hipotecado y entiendo que dentro de poco tiempo ejecutarán la hipoteca y me lanzarán a la calle.

—Vaya, qué terrible para un hombre como tú —expresó el amigo.

Entonces el amigo comenzó a conseguir dinero y una suscripción para comprarle una casa a este hombre.

—Me malinterpretaste —comentó Adams cuando su amigo volvió a reunirse con él—. Yo estaba hablando de este viejo cuerpo mío. Me preguntaste cómo estaba y dije que todo estaba bien, pero que había una hipoteca sobre mi casa, este viejo lugar donde he vivido durante estos setenta años; la naturaleza tiene una hipoteca y la va a ejecutar, pero eso no me molesta en absoluto.

Ahora usted puede ver lo que quiero decir, ¿verdad?

He aquí mi tesis. Nadie ni nada, ni ninguna circunstancia puede dañar a un hombre bueno; y si usted cree eso, puede descansar. Si lo cree puede dejar de preocuparse porque alguien le lance suciedad. Nadie puede estorbarlo ni obstaculizarle la manifestación de su destino, ni puede reducir el tamaño de la mansión de su alma, ni hacerlo menos valioso para Dios o menos querido para el Padre. Nadie puede bloquear su ministerio ni detener su avance. Nadie puede hacerlo, nada puede hacerlo. Mantenga el pecado fuera del corazón, camine bajo la sangre de Cristo, manténgase en contacto con el Padre, el Hijo y el Espíritu Santo. Usted puede ser tan libre como un ángel que anda por las calles del Señor, porque nada puede dañar a un hombre bueno.

EL CRISTIANO CREE TODA LA BIBLIA

También Cristo padeció una sola vez por los pecados, el justo por los injustos, para llevarnos a Dios, siendo a la verdad muerto en la carne, pero vivificado en espíritu...
Porque por esto también ha sido predicado el evangelio a los muertos, para que sean juzgados en carne según los hombres, pero vivan en espíritu según Dios.

1 PEDRO 3:18; 4:6

He aquí una buena norma práctica para ayudarle a entender correctamente la Biblia: Si usted no tiene más que un versículo para apoyar lo que lee, no lo enseñe. Porque si el tema no se encuentra en más de un versículo en la Biblia, lo más probable es que no se encuentre allí tampoco, y lo que usted cree que es un pasaje que enseña cierto asunto no lo enseña en absoluto.

Supongamos que yo fuera a razonar en favor de la vida futura, iría a escribir a personas que practican el bautismo por los muertos, y les diría: «¿Cómo pueden negar la vida futura si practican el bautismo por los muertos?». En realidad yo estaría expresando: «Ahora ustedes mismos han creado una vida futura porque están actuando como si esas personas que murieron tuvieran aún existencia. Por eso, ustedes creen en una vida futura, y su misma costumbre del bautismo por los muertos lo prueba». Esto no significaría que yo apruebe el bautismo por los muertos; solo demostraría que yo estuve razonando que esas personas creen en una vida futura por el hecho de que están tratando de ayudar a quienes están en el más allá.

Pablo pregunta: «¿Qué harán los que se bautizan por los muertos, si en ninguna manera los muertos resucitan? ¿Por qué, pues, se bautizan por los muertos?» (1 Co. 15:29). Eso no significa que él aprobara esta costumbre, porque en ninguna manera el apóstol practicó el bautismo por los muertos ni exhortó a nadie a que lo hiciera, ni hay una línea en la Biblia que lo enseñe. Pero Pablo apela a algo que algunos de ellos al menos hacían y en lo que creían para mostrar cuán incongruentes eran en decir que no hay resurrección corporal. Es evidente que los mismos que afirmaban que no había resurrección eran los mismos que practicaban el bautismo por los muertos.

Tome luego aquel famoso pasaje: «A ti te daré las llaves del reino de los cielos; y todo lo que atares en la tierra será atado en los cielos; y todo lo que desatares en la tierra será desatado en los cielos» (Mt. 16:19). Es obvio que este es un pasaje difícil. Nunca he oído que se explicara de manera satisfactoria.

Algunos niegan que la Biblia tenga alguna autoridad sobre la Iglesia basándose en que la Biblia salió de la Iglesia y no al contrario. Ellos niegan secciones completas de las Escrituras porque afirman: «No es posible entender la Biblia, y además de eso, no es vinculante para nosotros porque es hija de la Iglesia y no al contrario; por tanto, no tiene autoridad sobre la Iglesia». Pero en cambio si usted se queja de que el papa no es el vicario de Cristo en la tierra, recurrirán a ese pasaje difícil: «A ti te daré las llaves del reino de los cielos». Esas personas afirman: «¿Cómo se atreve usted a negar la

Biblia, puesto que ella dice: "A ti te daré las llaves del reino de los cielos", y se lo dijo a Pedro; y el papa es el descendiente de Pedro?».

Los pasajes difíciles atraen a menudo falsa enseñanza

No sé cómo llegamos a eso, pero la falsa enseñanza siempre busca un pasaje difícil. Eso me recuerda al misionero mormón itinerante.

—Usted cree en una variedad de esposas. ¿Cómo trata con ese pasaje que dice: «Es necesario que el obispo sea marido de una sola mujer» —le pregunta alguien.

—Eso significa al menos una —explicó el mormón de todos modos.

Una herejía siempre se afirma en la oscuridad, y una falsa enseñanza siempre va tras el texto difícil. Vea usted, es como si yo invitara a algunas personas a mi hacienda.

—Aquí encontrarán manzanas, duraznos, uvas, sandías, melones y batatas, además de otros quince o veinte frutos y granos comestibles —les diría—. Bueno, todo eso es de ustedes, tómenlo.

Entonces yo volvería un mes después y descubriría a mis invitados medio muertos de hambre.

—¿Qué pasa? —les preguntaría—. Ustedes se ven desnutridos.

—Estamos desnutridos porque hemos hallado una planta que no podemos identificar —contestarían ellos—. Hay una planta detrás del viejo tronco de roble ubicado en la parte trasera del campo, justo sobre la colina, y hemos pasado un mes tratando de identificarla.

—¡Pero están muertos de hambre! Tienen muchas otras plantas a su alrededor, y ustedes se ven enfermos. ¿Qué les pasa?

—Estamos preocupados respecto a esa planta.

Eso es exactamente lo que hacen muchos hijos de Dios. Están tremendamente muertos de hambre en medio de la abundancia porque hay una antigua plantita detrás del tronco en la parte trasera del campo que no logran identificar. Los herejes están siempre muriéndose de hambre mientras se preocupan por un pasaje difícil de las Escrituras. No voy a dejar fuera este pasaje en 1 Pedro para que nadie venga y lo llene de dudas a usted diciéndole que conoce el significado y pase a tratar de probar que lo que se dice aquí está equivocado.

Lea correctamente el texto

En primer lugar, ¿qué *no* enseña este versículo? No enseña universalismo, que es la creencia en la restitución de todos los seres caídos a un estado de bienaventuranza. Algunas personas solo creen que todos los seres humanos serán restaurados a la dicha, y no que tan solo cristianos irán finalmente a esa condición. También existe otra clase de universalismo moral exhaustivo, que enseña no solamente la restitución de todos los seres humanos, sino también del diablo y de todos los ángeles caídos. Quienes defienden estas creencias son muy generosos y lo toman todo: todo ser humano y toda criatura caída y que ha pecado contra Dios.

Esta enseñanza de universalismo respecto a que toda criatura moral se salvará finalmente es un sueño nacido del deseo de algunos, y sin duda brota de motivos humanitarios. Los sentimientos humanitarios en el mejor de los casos nos llevarán a un deseo de salvación para todos, pero no toman en cuenta las Escrituras. La Biblia establece específicamente: «No; antes si no os arrepentís, todos pereceréis igualmente». Describe un infierno donde están el diablo y todos sus ángeles, y donde finalmente serán enviados los que no se encuentren en el libro de la vida. Por tanto, la enseñanza de la Biblia, definitivamente, no es universalista, y cualquier cosa que este pasaje enseñe no es universalismo.

En segundo lugar, este versículo no enseña una segunda oportunidad. Los russelitas (no los llamo Testigos de Jehová porque no quiero ensuciar ese santo nombre identificándolo con falsos maestros) enseñan que existe una segunda oportunidad. Afirman que quienes mueren tendrán una oportunidad en el mundo futuro, y que si rechazan esa oportunidad serán aniquilados y dejarán de ser. Según ellos, cuando un pecador muere duerme en la tierra, con el cuerpo y el alma en un estado de profunda inconsciencia, y luego, cuando venga la resurrección, esos pecadores serán revividos y se les dará otra oportunidad. Si rechazan esa oportunidad, entonces serán aniquilados y dejarán de ser y no habrá infierno. Eso es lo que los russelitas enseñan.

Por supuesto, este error se nutre de un texto difícil. No soporta toda la brillante luz de la Biblia; no soporta las enseñanzas de Jesús; no soporta el libro de Romanos, el libro de Hebreos, ni el libro del Apocalipsis, ni tampoco soporta los cuatro Evangelios. Esta herejía no puede sostenerse bajo toda la luz de la Biblia. Se trata de una planta bonita que florece bajo la sombra del pensamiento humano; pero tan pronto como la exponemos a toda la Biblia, se marchita y muere.

Almas perdidas

¿Qué significa «también ha sido predicado el evangelio a los muertos»? Significa que hay almas perdidas. Las Escrituras los llaman «espíritus encarcelados» y «los que han muerto». A algunos de estos seres en el pasaje se les identifica con la población de la tierra en la época del diluvio de Noé. Ellos oyeron el mensaje predicado y lo negaron, lo rechazaron o lo refutaron; el resultado fue que a la llegada del diluvio perecieron junto con sus obras malignas. Este acontecimiento nos enseña que todas estas personas fueron al lugar de los muertos: Hades en el Nuevo Testamento, Seol en el Antiguo. Pero el cuerpo de Cristo, cuando Él murió, permaneció tres días en la tumba sin estrenar de José, pero su espíritu no estuvo en el cuerpo, sino separado temporalmente de este, y en ese espíritu nuestro Señor predicó entonces a las almas que se hallaban en el Hades: los espíritus encarcelados.

El Credo de los Apóstoles dice esto acerca de nuestro Señor: «Fue concebido por obra y gracia del Espíritu Santo; nacido de la virgen María; padeció bajo el poder de Poncio Pilato; fue crucificado, muerto y sepultado; descendió a los infiernos. Al tercer día resucitó de entre los muertos...».

Esto es solo repetir lo que afirmaron Pedro y Pablo. Cuando el espíritu de Jesucristo quedó libre del cuerpo crucificado no permaneció inactivo ni posado sobre la tumba. Jesucristo el Hijo eterno, en su espíritu descendió al infierno; es decir, descendió no a las llamas del infierno para sufrir castigo, sino que descendió al lugar de los muertos, y allí predicó la Palabra a quienes habían fallecido y cuyos espíritus estaban confinados en ese lugar. De modo que predicó la solidez de la posición de Noé, les dijo por qué había venido el juicio, justificó la manera de Dios de tratar con el hombre, y explicó lo que había pasado a fin de supieran que estaban siendo tratados como seres inteligentes.

Dios trata a cada individuo como un ser inteligente. Quizás usted no sea tan listo como Einstein, pero es moralmente inteligente y Dios nunca le invadirá la inteligencia. Él no pretende que usted simplemente cierre los ojos, trague saliva, y acepte cualquier cosa que le den. Quiere que usted sea un ser moralmente inteligente, y por tanto no le vulnerará la inteligencia ni lo tratará como un tarado.

En un tribunal estadounidense común pasa algo como esto: Se escucha la evidencia, el jurado sale y delibera, luego regresa, y entonces declara culpable al acusado. El juez dice: «Por favor, que el acusado se ponga en pie y enfrente a la corte». El acusado se levanta y entonces el juez continúa: «Señor Fulano de Tal, la evidencia se ha oído y el jurado de sus semejantes ha decidido por las pruebas que usted ha sido culpable de tal y tal delito. ¿Quiere decir algo antes de ser sentenciado?». En otras palabras: «Estamos a punto de sentenciarlo, pero no estamos abnegando su inteligencia, no lo estamos tratando como un robot. Usted es un ser humano inteligente, y puede juzgarnos; y si como juez y jurado estamos equivocados, usted nos juzgará. Por tanto, quiero aclarar todo este asunto. ¿Tiene algo que decir?».

Por lo general, el acusado no dice nada, pero si tiene algo que decir en su defensa este inteligente pecador podría decírselo al juez, y el juez consideraría esas palabras de manera respetuosa, porque los tribunales estadounidenses no van a enviar injustamente a un hombre a la silla eléctrica o a prisión. Actuarán de acuerdo a las reglas de la justicia, con todo el jurado allí y todo el proceso abierto ante los ojos de la humanidad.

Por tanto, Dios manifiesta que todos los malvados fueron succionados por un diluvio y arrojados al lugar de los muertos, y que ellos nunca verán la dicha del cielo ni conocerán a Dios. Pero no solo fue a buscarlos. Puesto que se trata de seres humanos inteligentes, criaturas morales capaces de ejercer juicio en su propia vida, el eterno Hijo de Dios fue delante de estos espíritus encarcelados y les predicó allí. Les predicó porque estaban vivos en espíritu, aunque habían pecado en la carne y debían ser juzgados por los días que vivieron en la carne.

Si usted no cree esto, le daré algunos pasajes bíblicos que muestran por qué Cristo descendió al lugar de los muertos, por qué descendió al infierno. Efesios 4:8-10 declara: «Por lo cual dice: Subiendo a lo alto, llevó cautiva la cautividad, y dio dones a los hombres. Y eso de que subió, ¿qué es, sino que también había descendido primero a las partes más bajas de la tierra? El que descendió, es el mismo que también subió por encima de todos los cielos para llenarlo todo».

Cuando el cuerpo de Cristo yacía en la tumba, su espíritu fue a esos cautivos en el lugar de los muertos y les predicó libertad. Cuando resucitó se llevó consigo a todos los espíritus redimidos de los hombres rescatados que habían quedado atrapados en el lugar de los muertos, el Hades. Recuerde que Jacob, enlutado por causa de su hijo, dijo que bajaría a la tumba, es decir al Seol o Hades (ver Gn. 37:35). Cuando Samuel, el hombre muerto, regresó de la tumba, subió de la tierra (ver 1 S. 28:13). Pero después que Cristo hubiera llevado consigo a los redimidos al cielo, al lugar del paraíso, Pablo afirmó haber sido arrebatado hasta el tercer cielo, al mismo paraíso (ver 2 Co. 12:2, 4), ya no abajo, sino arriba.

El Señor mismo, el Dios de la vida y la gloria, ha sacado a sus redimidos del lugar de los muertos. Ese lugar no solo contenía a los redimidos, sino también a los que no estaban redimidos, aunque separados por una sima, un gran abismo fijado allí entre los unos y los otros. Lázaro y el hombre rico explicaron eso. Cuando el hombre rico murió, fue al lugar de los muertos. Cuando Lázaro murió, también fue al lugar de los muertos, pero esta vez al seno de Abraham, con un gran abismo puesto entre ellos. Así que cuando nuestro Señor descendió después de morir, descendió al Hades, llevó consigo al cielo a todos los que estaban en el seno de Abraham, y predicó en espíritu a todos aquellos que estaban en el lugar de los muertos.

Si eso no basta, permítame darle Filipenses 2:9-11: «Por lo cual Dios también le exaltó hasta lo sumo, y le dio un nombre que es sobre todo nombre, para que en el nombre de Jesús se doble toda rodilla de los que están en los cielos, y en la tierra, y debajo de la tierra; y toda lengua confiese que Jesucristo es el Señor, para gloria de Dios Padre». De modo que no solo aquellos en el cielo y en la tierra, sino también aquellos en el infierno, están obligados a confesar con su lengua que Jesucristo es Señor; y harán esto para la gloria de Dios el Padre.

Juicio verdadero y justo

Pedro no enseña universalismo, solo que Jesucristo nuestro Señor, mientras su cuerpo estuvo en la tumba, fue en espíritu al Seol, el lugar de los muertos. Allí predicó liberación a los redimidos y juicio a los perdidos, llevó consigo a sus seres redimidos, y dejó a los perdidos para el juicio del gran día. Sin embargo, todos los que están debajo de la tierra y los vivos sobre la tierra, y todas las criaturas en todo lugar, admitirán que Jesucristo es Señor para la gloria de Dios el Padre.

Este Cristo Jesús nuestro Señor no gobernará sobre quienes no se sometan de buena voluntad a su gobierno. No impondrá su gobierno sobre ningún ser humano o criatura moral. No obstante, forzará a las lenguas no dispuestas, incluso en los perdidos, el hecho de que Él es justo. «Ciertamente, Señor Dios

Todopoderoso, tus juicios son verdaderos y justos» (Ap. 16:7) será el único texto en el infierno. No estoy seguro si habrá conciencia en cuanto a ese lugar tan terrible. Pero a fin de que esa verdad se pudiera conocer en todos los mundos arriba, y en la tierra como también debajo de la tierra, tenía que haber una declaración del completo y justo plan de Dios a los muertos como también a los vivos.

Sin embargo no hay ni un solo párrafo, ni una frase, ni una sola palabra, ni una letra en la Biblia que enseñe que Jesús predicara el evangelio a los muertos y dijera: «Venid a mí». A los vivos sí les dijo: «Venid a mí». Les predicó el evangelio de redención e hizo una invitación y dijo: «Está establecido para los hombres que mueran una sola vez, y después de esto el juicio» (He. 9:27). Predicar a los muertos fue llevado a cabo para que estos, igual que los vivos (tanto los perdidos como los salvos) pudieran saber cuán verdadero, justo y recto es nuestro Dios, cuán impecable es su carácter, cuán santos son sus caminos, y que el Señor hace bien todas las cosas.

14

El cristiano es un extranjero en una tierra extraña

*Puesto que Cristo ha padecido por nosotros en
la carne, vosotros también armaos del mismo
pensamiento; pues quien ha padecido en la carne,
terminó con el pecado, para no vivir el tiempo que
resta en la carne, conforme a las concupiscencias de
los hombres, sino conforme a la voluntad de Dios. Baste
ya el tiempo pasado para haber hecho lo que agrada
a los gentiles, andando en lascivias, concupiscencias,
embriagueces, orgías, disipación y abominables idolatrías.
A éstos les parece cosa extraña que vosotros no corráis
con ellos en el mismo desenfreno de disolución, y os
ultrajan; pero ellos darán cuenta al que está
preparado para juzgar a los vivos y a los muertos.*

1 Pedro 4:1-5

Según Pedro, un cristiano es alguien que ha huido para refugiarse en Cristo. Él mismo se ha identificado con Cristo y ha recibido vida de Cristo. Esencialmente, eso es lo que significa creer en Jesucristo. Las Escrituras usan tres preposiciones: «*a* Cristo», «*con* Cristo» y «*de* Cristo».

No es cobardía lo que nos hace huir en busca de refugio cuando estamos en grave peligro. Supongamos que un hombre está en medio de un clima de 45 grados centígrados bajo cero, y sabe que hay un refugio muy cerca. Sin embargo, se niega a ir allí y permanece donde se halla, solo para morir de frío. Eso sería imprudencia moral equivalente a locura. Lo mismo sería verdad para un ser moral en un universo moral que sabe que sus pecados le han puesto en peligro para siempre, y se entera que en la Roca de los Siglos hay un refugio para los pecadores, pero no se protege en ese refugio. El tipo no sería un valiente que rechaza ese refugio; sería un insensato moral.

No dudo en decir que un cristiano es alguien que ha huido para refugiarse en Cristo. Al haber huido hacia Jesús se ha identificado completamente con Cristo. Su identificación se ha vuelto tal que desea estar dondequiera que Cristo se halle. Quiere representar todo lo que Cristo representa. Está contra todo aquello a lo que Cristo se opone. Quiere ser amigo de todo aquel que es amigo de Cristo. Está dispuesto a tener como enemigos a los enemigos de Cristo. Está interesado en hacer la obra en la que Cristo se interesa. Toma muy a la ligera y le presta muy poca atención a aquello en lo que Cristo no se interesa. Se ha identificado con Cristo y por eso Cristo le ha dado vida, la vida espiritual: «Yo les doy vida eterna; y no perecerán jamás, ni nadie las arrebatará de mi mano» (Jn. 10:28), por tanto, este creyente tiene vida. Ha recibido vida de Cristo; se ha identificado con Cristo y ha huido para refugiarse en Cristo.

Tiempo pasado y tiempo futuro

Dos frases se usan aquí, y ambas contienen la palabra «tiempo». «El tiempo pasado» y «el tiempo que resta». El tiempo pasado de nuestra vida nos debe bastar para haber andado en lascivias, concupiscencias, embriagueces, orgías, disipación e idolatrías. Creo que aquí hay un poco de ironía. Pedro está diciendo: «¿No han tenido suficiente de esas cosas?». Él no nos está ofreciendo un resumen de todo lo que hicimos; simplemente nos está dando algunos ejemplos de la manera en que vivíamos y de la manera en que el mundo vive hoy (es decir todas las personas, porque todas han pecado). Esto de ningún modo incluye todo lo que un pecador ha hecho, todo lo que hace, o todo lo que solía hacer; Pedro solo da un ejemplo. Lascivias, concupiscencias, embriagueces, orgías, disipación e idolatrías corresponden a todas las fases de nuestras vidas sociales y religiosas.

Por tanto, el apóstol está básicamente afirmando: «En tiempo pasado ustedes vivían así, pero esto puede acabar ahora porque Dios hace nuevas todas las cosas». Arrepintámonos de nuestros pecados y estemos muy apenados por ellos, pero no dejemos que nos desanimen. De ninguna forma permitamos que nos disuadan de creer, porque Dios es el que hace nuevas todas las cosas, y esto abarca el terreno de comenzar de nuevo. Usted tuvo un mal inicio y continuó de mala manera, pero en cualquier momento que decida puede comenzar otra clase de vida y llamar tiempo pasado a esa vida que ya pasó.

A continuación está «el tiempo que resta». Todos conocemos el tiempo pasado de nuestras vidas. Todo el mundo sabe la edad que tiene y a veces la cuenta con los dedos. Una vez le pregunté a una preciosa chiquilla cuántos años tenía, y ella levantó cuatro dedos y dijo: «Tres». El tiempo que usted ha pasado, ¿cuánto ha sido? Su tiempo pasado podrían ser 10, 21, 43, o 70 años, cualquiera que sea la cantidad, usted conoce su tiempo pasado.

Sin embargo, ¿cuántas personas podrían decir la duración

del resto de su tiempo? Usted sabe cuanto tiempo ha pasado, ¿pero cuánto tiempo aún tiene por delante? Pregunto: ¿puede usted garantizar un año? ¿Puede garantizar que aún estará aquí dentro de dos años? ¿Cuánto tiempo le queda? Todos festejamos el tiempo pasado, y las personas nos traen regalos que nos recuerdan que hemos tenido otro cumpleaños. Ese es el tiempo pasado, ¿pero cuál es el resto de nuestro tiempo? ¿Le ha regalado alguien algún obsequio para celebrar el resto de su tiempo? Hacer eso es algo insensato. Nadie sabe si tendrá otro cumpleaños. ¿Hay alguien que pueda ponerse de pie y asegurar: «Apostaré los próximos tres meses»; «Estoy seguro de los dos meses venideros»? ¿Hay alguien que pueda decir: «Estoy seguro del mes próximo»? Nadie lo sabe.

Un amigo mío a quien he conocido por más de veinticinco años fue al médico porque no se encontraba bien. Este le dijo que sufría de indigestión, y le aconsejó que se tranquilizara. Este amigo estuvo de acuerdo, así que fue a casa, se recostó esa noche, se levantó la mañana siguiente y antes de que pudiera vestirse se fue de bruces y murió. Él no esperaba eso. Creía firmemente que aún tenía mucho tiempo de vida. Si alguien le hubiera dicho la noche anterior: «Hermano Collette, ¿cuál es el resto de su tiempo?», él habría replicado: «Bueno, tengo una reunión a la que deseo asistir en tal y tal ciudad; luego quiero estar en esta convención y ser maestro bíblico allí». No obstante, el hombre no tuvo mucho «resto de su tiempo».

La Biblia enseña: «El tiempo pasado vivieron de cierta manera, pero el resto de su tiempo ellos viven conforme a la voluntad de Dios». Thomas à Kempis declaró: «Ah, qué sabio y dichoso es quien se afana por ser en vida igual a como le gustaría ser hallado en la hora de su muerte». Esto indica que para el resto de su tiempo usted no va a vivir del modo en que vivió el tiempo pasado. Por tanto, «A éstos les parece cosa extraña», ese vago pronombre sin ninguna urgencia: «A éstos les parece cosa extraña». ¿Quiénes son «estos»? Se trata de una palabra técnica que se refiere a individuos mundanos que no están renovados, que no han huido para refugiarse en Cristo, que no se han identificado con Cristo, y que no han recibido vida de Jesús. Quienes quieran que puedan ser, ricos o pobres, viejos o jóvenes, lejanos o cercanos, creen que es extraño que usted no corra con ellos como solía hacerlo antes.

Una nueva vida

Esa es otra característica, menor pero realmente una característica del cristiano: alguien que ya no corre con ellos. Hacer esto ha arruinado a muchos principiantes. Ha habido quienes han entrado a su cuarto de oración y con lágrimas y de rodillas le han dicho a Dios que están cansados del pasado y que desean ser cristianos. Luego se han levantado y han salido para seguir corriendo con quienes solían hacerlo, y el resultado ha sido tragedia y fracaso en esa vida cristiana porque han corrido con aquellos con quienes no debieron relacionarse. «Si no corro con ellos les parecerá muy extraño».

Los amigos del mundo solo conocen una vida, la que ahora llevan, y sienten que salir de ella sería morir. Pero el cristiano ha encontrado otra vida, más real, más emocionante, más satisfactoria que la vida que antes tuvo, y la está viviendo para la gloria de Dios. El pecador no sabe esto; él solo cree que existe una clase de vida, y solo una. No es raro que un joven que intenta seguir al Señor escuche que se diga de él: «¿Qué está haciendo ese individuo? ¿Qué clase de vida está llevando? Ah, qué monótono es eso, qué cosa sin sentido es esa. No hay diversión en aquello». Ese es el enfoque común del mundo hacia el cristiano; los no creyentes creen que hay algo extraño porque no están informados de que existe otra vida.

En medio de su imperfección, los discípulos acudieron a nuestro Señor y dijeron: «Maestro, te hemos comprado carne y pan». En ese momento Él estaba sentado en el borde de un pozo en Samaria; la mujer en el pozo había estado hablando con Jesús y Él con ella (ver Jn. 4). Los discípulos expresaron: «¿Cómo es que tienes algo de comer, si nadie te ha traído nada?». Jesús contestó: «Tengo alimento para comer del que ustedes aún no conocen». Creyeron que Él no había comido porque no había probado los alimentos que ellos solían comer. Pero el Señor afirmó: «Conozco otra clase de comida y otra clase de vida, y he estado viviendo y comiendo la comida de mi Padre, y ayudando a los necesitados, y eso es vida para mí».

Esto ha sido cierto para el cristiano desde esa época. Las personas le atacan constantemente, no le comprenden y le tildan de muerto porque ya no vive como solía vivir ni corre con ellos hasta el mismo exceso de vida o muerte. Por eso, consideran al cristiano un extraño.

¿Qué hace que algo sea extraño?

Permítame explicar un poco esa palabra «extraño». Viene de la misma expresión de la que sacamos nuestro vocablo «extranjero». Desde luego, un extranjero es alguien no integrado en el ambiente, alguien que socialmente no es parte del grupo. Es un recién llegado. En el viejo oeste era habitual que los lugareños saludaran diciendo: «Buenos días, extranjero». Un extranjero era alguien que era extraño. Su ropa era extraña, su rostro era extraño, quizás hasta su lenguaje era extraño; y si usted consigue ser lo bastante diferente del resto, llega al punto de convertirse en objeto de risas de los demás.

El Dr. Max I. Reich, ese gran santo judío que enseñó en el Instituto Bíblico Moody, usaba una pequeña barba. Me contó más bien con tristeza que solía recibir mucho maltrato por parte de chicos y chicas en la calle, los cuales le miraban el rostro para después mirarse entre ellos y sonreír. Él era extraño debido a que usaba barba.

Si fuéramos tan naturales como debiéramos ser, seríamos extraños por no usar barba, porque la naturaleza puso barba en el rostro del hombre promedio, pero nos la afeitamos. Sin embargo, si alguien se la deja crecer, expresamos: «Ese tipo se ve extraño». ¿No es raro que mutilemos la naturaleza y digamos: «Eso es lo natural», y que luego si la naturaleza sigue su curso normal, declaremos: «Eso es extraño»? Cuando solo por divertirse un joven en la marina, o en servicio en cualquier parte, envía una foto de él mismo con una barba de dos semanas, todos estallan en cordiales risas. En la foto no se ve como el joven que entró al servicio, bien cuidado y arreglado. Él ha estado fuera de viaje, y por tanto se ha dejado crecer la barba. He visto fotos como esa en que las personas no se parecen en nada a ellas mismas; se ven extrañas cuando lo que realmente sucede es que se ven naturales. En verdad, se ven raras después de afeitarse la barba.

Cualquier cosa es extraña cuando no es como el resto de cosas que la rodean. Ponga a un alemán en medio de personas de habla castellana, y su acento lo marcará al instante. Él es extraño porque su lengua es un poco más gruesa y su voz un poco más fuerte que la de los latinos. Tome a un francés cuya voz es nasal y este será diferente porque habla con la parte alta de la nariz; es necesario tener adenoides para hablar francés. Se trata de alguien extraño porque los sonidos guturales son un poco diferentes de los que estamos acostumbrados.

Por tanto, a un cristiano se le considera extraño. No suelo perder ninguna lágrima en alguien que acude a mí lloriqueando en busca de simpatía porque los demás creen que es extraño por seguir a Cristo. En la escuela pública, donde antes leíamos la Biblia, un maestro leía algunos versículos y hasta se oraba el Padrenuestro. Los padres ateos de algunos de los pequeños escandalizaban a la junta escolar y expresaban: «Queremos iniciar una protesta oficial. Cuando leen las Escrituras avergüenzan a nuestro hijo. En casa le enseñamos que la Biblia no es verdadera, y él se siente mal cuando todos los demás niños inclinan la cabeza y oran el Padrenuestro; él no cree en el Padrenuestro. Los demás creen que nuestro hijo es raro. Queremos oficializar una protesta». ¿Qué clase de cobardes son de todas formas?

Ahora los padres cristianos saben que sus hijos van a la escuela primaria, y luego a la secundaria, marcados como extraños, y usted no hace ninguna protesta. Los cristianos sabemos que es inútil protestar; por supuesto, los demás creen que somos extraños, pero extraño significa diferente, eso es todo. Desde luego que somos distintos, ¡y ay del cristiano que no lo sea! El momento en que no se pueda decir del cristiano que es diferente será el día en que ha deshonrado su testimonio y ha vendido su destino. El distintivo de una iglesia es que la componen personas que son diferentes. Los demás creen que es extraño que usted sea distinto; sin embargo, Pedro declara: «No inicie una protesta, no contrate un abogado, no escandalice a nadie, ni acuda a la junta escolar. Ellos darán cuentas a Dios». Esa es la respuesta del apóstol. Quienes creen que somos extraños e insisten en decir eso con burlas darán cuentas a Dios y no a los cristianos. El Señor no me hizo juez de nadie, y tampoco lo nombró juez a usted. Él nos hace testigos, no jueces.

Una buena clase de extraños

Nunca pida cuentas a sus críticos. Explíqueles las cosas si puede hacerlo pero, si no aceptan las explicaciones, quédese callado. El silencio es la respuesta más elocuente para algunos críticos. Tenemos el ejemplo de nuestro Salvador, porque cuando lo cuestionaron y lo maltrataron, él se quedó callado, y Pilato dijo: «¿A mí no me hablas? ¿No sabes que tengo autoridad para crucificarte, y que tengo autoridad para soltarte?». Entonces Jesús habló, diciendo: «Ninguna autoridad tendrías contra mí, si no te fuese dada de arriba» (Jn. 19:10-11). Luego se quedó en silencio; y el silencio del Cordero ha sido una de las maravillas de los siglos. Él fue llevado como oveja al matadero, y como Cordero no pronunció palabra. Nunca trate de pedir cuentas a sus críticos. El silencio es siempre, y a menudo, lo mejor.

Tomamos este ejemplo de Cristo: «Puesto que Cristo ha padecido por nosotros en la carne, vosotros también armaos del mismo pensamiento; pues quien ha padecido en la carne, terminó con el pecado» (1 P. 4:1). Desde luego que somos diferentes. Si no lo somos, ¡ay de nosotros en el día de Cristo! Claro que somos extraños, y al ser extraños pensarán de nosotros que somos eso. Sin embargo, ser extraños solo porque somos moralmente más limpios que alguien más no es algo que nos deshonre.

Algunos cristianos en sus relaciones laborales asisten a banquetes donde todo el mundo bebe alcohol. Ellos beben agua y jugo de uva, y los creen extraños porque no disfrutan. Sin embargo, cuando alguien se mete en problemas, ¿a quién acuden para pedir oración? Acuden al individuo raro que no bebe licor. Algunos trabajan en oficinas donde sus bocas son las únicas limpias; el resto de ellos están en el límite o son absolutamente sucios con lo que hablan. Usted tiene la única boca limpia, por eso ellos la emprenden contra usted contándole chistes subidos de tono para molestarlo; pero usted no se ríe ni se junta con ellos. Lo consideran un extraño. Algo limpio siempre es raro cuando pasa entre cosas sucias. Una boca limpia siempre es extraña cuando está rodeada de bocas sucias. Un corazón puro es extraño cuando está rodeado de corazones impuros.

Un hombre honorable es raro cuando está en medio de hombres deshonestos, pero esa es una buena clase de rareza. La Iglesia de Jesucristo debe ser diferente porque tiene la boca limpia, y es sincera y pura de mente. Pero el mundo piensa que es extraño que usted no corra con ellos. No obstante, no trate ahora de amoldarse a esas personas porque ellas rendirán cuentas a Dios, quien puede juzgar a los vivos y a los muertos. Usted es testigo, no juez, y Cristo es su ejemplo. Él padeció y permaneció callado. Usted y yo podemos permitirnos el lujo de hacer lo mismo, y en realidad no creo que para mí hacer esto sea algo demasiado grave.

Deje que un pecador vaya el tiempo suficiente y todo lo lejos que desee ir, y se volverá un extraño en el otro sentido. Cuando un hombre se convierte en un violador, asesino o asaltante de bancos, también es alguien extraño, y el mundo lo pone en prisión como un ser diferente, raro y peligroso; pero esa persona es diferente en el otro sentido. Un cristiano es distinto en el lado correcto. «Hola, extraño, que Dios le bendiga». Cuanto más extraño sea usted, mejor será. Los cristianos que hemos huido para buscar refugio en Jesús nos hemos identificado con Él y hemos recibido vida de Él.

15

EL CRISTIANO SOPORTA EL SUFRIMIENTO CON ALEGRÍA

Amados, no os sorprendáis del fuego de prueba que
os ha sobrevenido, como si alguna cosa extraña os
aconteciese, sino gozaos por cuanto sois participantes
de los padecimientos de Cristo, para que también en
la revelación de su gloria os gocéis con gran alegría.

1 PEDRO 4:12-13

La adversidad acompaña a todo cristiano en su camino al paraíso. Cuanto más difícil es el camino, más gozo hay para quien sigue a su Señor. El cristiano puede soportar mejor la adversidad si logra entender tres aspectos.

En primer lugar, *identifiquemos* esas adversidades si podemos. Los males extraños son siempre los más aterradores. Siempre tememos lo que no podemos identificar. Si no sabemos de qué trata algo, nos asustamos. Esa es la naturaleza humana, y supongo que esto no es algo que deba preocuparnos, ni tampoco tenemos que imaginar que necesitamos acudir a un psiquiatra. Así es la naturaleza humana, ya que la mitad de la victoria sobre el temor se consigue cuando sabemos de qué trata ese temor. Cuando logramos identificar el objeto de nuestro miedo, cuando sabemos qué es lo que nos está atribulando, mucha de la angustia se esfuma. Yo podría añadir que este es uno de los principios básicos sobre los cuales se cimenta la psiquiatría, y es correcto en cuanto a eso. Si usted puede identificar los problemas, ya los tiene medio derrotados. Cuando Pedro declaró: «No os sorprendáis... como si alguna cosa extraña», estaba identificando las tribulaciones de los cristianos y señalando que estos sufrimientos no eran extraños, sino conocidos, y que estos creyentes estaban sufriendo junto con todos los demás seguidores del Señor.

Lo segundo que nos ayuda a soportar la adversidad es *esperarla*. Los golpes inesperados son siempre aquellos que hacen la obra más mortal. Cuando esperamos un golpe podemos prepararnos tanto física como psicológicamente; pero un golpe que sale de la nada es el que hace el mayor daño.

Lo tercero que debemos saber es que las adversidades son *comunes* a todos. Un giro benévolo aunque curioso en la naturaleza humana es que si sabemos que todos los demás están tan mal como nosotros, esto hace más fácil soportarlo.

No puedo explicar esto. Solo sé que funciona de ese modo. Supongamos que usted está separado de toda la población en el área de Chicago y que se encuentra sometido a tres semanas de un calor espantosamente intenso. Si usted supiera que todos los demás en la ciudad de Chicago, desde el mayor hasta el menor, están tranquilos, relajados y vestidos con ropa cómoda, ese conocimiento aumentaría en gran manera la intensidad del sufrimiento que usted tiene. Pero hay algo medio humorístico y consolador al saber que si usted está sudando, todo el mundo está también sudando. Y si usted tiene que salir y enfrentar el cálido aliento de la naturaleza, todos los demás tendrán también que hacerlo. E incluso si ellos se encuentran en oficinas con aire acondicionado, usted sabe que saldrán a la calle y que casi desfallecerán por el calor, y de alguna manera usted tiene una sensación tranquilizadora por no estar solo en esto. Eso no es algo divino ni espiritual, solo es algo natural.

Algunas cosas son naturales pero malas. Es decir, se derivan de una mala disposición, de algo que es natural aunque perverso. También hay cosas que se derivan de la propia naturaleza y que no están contaminadas particularmente. Estas cosas son parte de la naturaleza humana, y no debemos disculparnos ni arrepentirnos por ellas. ¿Le consuela saber que usted es solamente uno entre otros varios millones de personas que sufren? ¿Le molesta eso? Solo reflexione en lo que pueda recordar en relación a esto cuando haga calor. Recuerde que hay tres aspectos que Dios tiene en cuenta en la vida humana: lo natural y bueno, lo natural aunque malo, y lo espiritual.

Pedro identificó las pruebas de fuego de los cristianos, y esto enfrió en gran manera el fuego del horno. Él advirtió: «Amados, no os sorprendáis del fuego de prueba que os ha sobrevenido, como si alguna cosa extraña os aconteciese» (1 P. 4:12). No, lo que le está sucediendo a usted no es extraño, sino algo conocido y parte del patrón de vida para el Hijo. Luego Pedro afirma: «Sino gozaos». Aquí el apóstol les exhorta a alegrarse porque están siendo partícipes de los sufrimientos de Cristo.

Saber esto aplacó el resto del fuego de sufrimiento que padecían los cristianos de aquel tiempo. Ellos supieron que no solo estaban padeciendo tribulaciones conocidas, sino que sus adversidades eran también conocidas para todos los demás creyentes desde el inicio del tiempo. Estaban teniendo el privilegio de sufrir y soportar las penalidades de Cristo. Estos primeros cristianos eran simplemente poco críticos. Ellos no conocían el complicado razonamiento con el que ahora cubrimos todo, ni tampoco la pálida emisión de neblina que elimina la simplicidad de nuestras vidas.

Esos primeros cristianos confiaron en los padecimientos de Cristo y relacionaron su sufrimiento con el de Él. Fueron testigos de que Cristo fue el gran sufriente, y cuando padecemos por causa del Señor relacionamos con Él nuestra tribulación y en soledad soportamos el sufrimiento de Cristo junto con Él. Luego, aquellos cristianos relacionaron su recompensa con la del Señor. Pedro afirma aquí de manera clara: «Sino gozaos por cuanto sois participantes de los padecimientos de Cristo, para que también en la revelación de su gloria os gocéis con gran alegría» (v. 13). Por tanto, esos cristianos se gozaron en el gran honor que estaban teniendo al permitírseles sufrir por causa de Cristo, y así soportaron las pruebas del Señor Jesús como Él lo hizo.

Vituperados por el nombre de Cristo

Luego Pedro afirmó: «Si sois vituperados por el nombre de Cristo» (1 P. 4:14). Para el hombre moderno es difícil entender esto, pero si usted lo desea puede imaginar a un hombre cuya personalidad era maravillosa, alguien alrededor de cuya cabeza se produjeron milagros, sanidades, liberaciones, actos amables, palabras perdonadoras, consuelo y ánimo, alguien que brillaba como el sol sobre los hombres, que como apacible lluvia caía suavemente sobre los corazones humanos, que respiraba aliento sobre ellos y los volvía a fortalecer. La valiente declaración de este hombre fue que Él era aquel a quien el mundo había esperado por mucho tiempo, y del que los antiguos profetas habían hablado. Él fue aquel que adoraron los niños, los marginados, los hombres sinceros y las mujeres serias, y que sin embargo fue odiado por la religión organizada.

La religión institucionalizada no podía hallar un lugar para Cristo. Él era la piedra que no encajaba en la edificación. Contaban con todas las piedras que querían, y cuando apareció la piedra angular principal los arquitectos no pudieron encontrarle un lugar, así que rechazaron a Cristo como a alguien inútil. Finalmente lo ejecutaron por traición y lo enviaron a morir en una cruz. Y lo peor de todo para ellos fue que muchos afirmaron haberlo visto vivo, y que este delincuente al que habían matado ya no estaba muerto, sino que ahora estaba vivo y se encontraba más a la cabeza de sus seguidores de lo que había estado antes.

¿Puede usted imaginar el violento efecto que tendría el nombre de «cristiano»? No solo tendría un significado razonable, sino también poder violento, emocional y explosivo. Cada hombre se puso de pie para ser contado; a favor de Cristo o en contra de Él. Unos le adoraron con reverencia, creyeron que en realidad Él era Dios; se arrodillaron en silenciosa adoración porque los grupos de curación y salud, consuelo, paz y rehabilitación rodeaban la cabeza de Jesús. Por otro lado, otros aceptaron las creencias de la religión establecida, afirmaron que Cristo era un hombre demente lleno de demonios, que salió para destruir la sociedad organizada. Allí no había neutralidad. Tenían que estar en un lado o en el otro.

En nuestra época superficial, esto no es tan violento ni tan fuerte; los hombres no están tan alineados como lo estuvieron entonces, porque no son tan sencillos, tan directos ni tan humanos. En esta época de plástico, los hombres no son tan simples, y sin embargo fue esta simplicidad la que Jesucristo elogió por encima de todas las virtudes humanas cuando expresó: «De cierto os digo, que si no os volvéis y os hacéis como niños, no entraréis en el reino de los cielos» (Mt. 18:3). Fue la sencillez de la infancia lo que se destacó, no la ignorancia de la niñez, ni su suciedad, ni su ruido, sino la simplicidad de esta.

Los niños pequeños tienen muchas características, y oramos porque ellos las superen tan rápido como puedan. No obstante, lo único que no queremos que superen pero que dolorosamente vemos que abandonan, es la sencillez. Esa inmediatez directa pertenece a la naturaleza humana virgen. Por tanto, los primeros cristianos estuvieron en un lado o en el otro. Los detractores del Señor estallaban en furia ante la mención del nombre de Jesús, y los seguidores de Él inclinaban la cabeza y decían: «Mi Señor y mi Dios». Esa fue la división, la aguda fisura, y ha existido dondequiera que la Iglesia haya sido pura. Esa división ha existido siempre que los hombres han erradicado su mediano conocimiento y se han acercado como niños para mirar el rostro de Dios.

«Ninguno de vosotros padezca como... malhechor» (1 P. 4:15). Aquí vemos la manera errónea en que a veces se utiliza el cristianismo. La fe cristiana no significa inmunidad para los malhechores. Admitimos que a menudo se ha hecho esto, pero según la Biblia nunca debe ser así. Recuerde que no es extraño que usted sufra, no obstante es algo fácil de entender que suceda, y su Señor ya pasó por esto. Sin embargo, si a usted lo reprochan por hacer lo malo no se esconda detrás de su inmunidad cristiana. El diácono que no paga sus cuentas, el pastor que sale de la ciudad teniendo deudas, no pueden (ni deben atreverse) a ocultar estas bajezas detrás de la inmunidad clerical o cristiana. Pedro declara: «Ninguno de vosotros padezca como... malhechor». Usar la fe de Cristo para esconder la maldad es demostrar falsedad y traer juicio sobre las propias cabezas de quienes lo hacen; y el juicio debe empezar en la casa de Dios.

Lo que sigue a continuación es un garrote usado con frecuencia contra los cristianos: «Es tiempo de que el juicio comience por la casa de Dios» (1 P. 4:17). Las personas encogen los hombros, levantan la nariz al aire, se alejan de la iglesia y dicen: «Es hora de que el juicio comience por la casa de Dios», o de modo más sencillo: «Barra primero el umbral de su puerta». Pero me pregunto si leen el resto de ese versículo: «Si primero comienza por nosotros, ¿cuál será el fin de aquellos que no obedecen al evangelio de Dios?».

Algo que el Señor no permite es la interferencia de algún extraño en sus asuntos familiares. Dios no dejará que el extraño cite incorrectamente las Escrituras, ni que las tergiverse o distorsione; no dejará que nadie use un garrote sobre la cabeza de su hijo. El Señor advierte: «Es tiempo de que el juicio comience por la casa de Dios», y el incrédulo iracundo expresa: «Sí, el juicio debe empezar con usted; ¿por qué no se ocupa de sus propios asuntos?». Entonces Dios añade: «Pero si el juicio comienza entre mis propios hijos, ¡qué terribles serán las cosas para aquellos a quienes ni siquiera les importa convertirse en mis hijos!». ¿Dónde aparecerán el impío y el pecador? Esta es una de esas preguntas dramáticas y retóricas que no tienen respuesta y que llevan consigo su propia respuesta. ¿Dónde aparecerán estos? Pues «no se levantarán los malos en el juicio, ni los pecadores en la congregación de los justos» (Sal. 1:5).

David lo declaró siglos atrás, y ahora Pedro lo repite casi palabra por palabra. «Los que padecen según la voluntad de Dios, encomienden sus almas al fiel Creador, y hagan el bien» (1 P. 4:19). Si ante cualquier tipo de sufrimiento que pueda presentarse usted lo sufre fuera de la voluntad del Señor, no tendrá premio ni recibirá ánimo por parte del cielo o de la tierra. Pero si usted sufre de acuerdo con la voluntad de Dios, claramente se nos dice qué hacer: encomendar el alma al fiel Creador y hacer el bien.

Encomendar el alma

Me encantan las palabras, y me gusta descifrarlas para averiguar lo que contienen. A veces descifrando un poco más, usted descubre un tesoro enterrado que no sabía que estuviera allí. «Encomendar», dice aquí. Significa depositar para protección.

Un depósito

Un hombre alquila una caja de seguridad y en ella deposita títulos, pólizas de seguro y artículos que desea conservar. Los coloca allí para protección, sabiendo que todo eso está más seguro allí en un banco rodeado de vigilantes, con puertas de acero y todo lo demás. Hay más seguridad allí que en el dormitorio o en una lata de galletas. El hombre pone allí sus objetos de valor porque cree que están seguros; los encomienda. Los deposita para protección. Y Pedro lo expresa así: «Sus sufrimientos no son extraños, son conocidos, todo cristiano ha tenido que soportarlos; y si usted los está sufriendo en la voluntad de Dios, ¿por qué no encomendarle a Él su alma para que la proteja? Deposítela; haga un depósito de su alma».

Depositar significa quitar sus manos de algo. Algunos individuos aman tanto su dinero que no lo abandonan por ningún motivo. Quieren contarlo con las luces tenues, las persianas bien ajustadas, y las puertas cerradas. Desean sacarlo y verlo; no lo pueden depositar porque sienten que si no mantienen contacto con su dinero, no estará seguro. No comprenden que está más seguro lejos de ellos que con ellos. Pero esa es la peculiaridad de las personas; así que a veces debemos depositar nuestras almas. Debemos entregarlas a Dios.

Me gusta pensar que encomendar mi alma a Dios es como enviar una carta por correo. Usted agarra una carta, la desliza por la abertura del buzón pero no la suelta, la saca otra vez para ver si tiene estampilla y la dirección correcta, y luego le da una última mirada; pero aún tiene la carta en su poder. Tío Sam no puede tocarla, ni toda la policía en Estados Unidos se atreve a poner un dedo en esa carta. El presidente de la nación no podría, bajo la ley, quitarle esa carta de sus manos. Nadie puede arrebatarle esa carta. Esa es su carta, y mientras la sostenga es suya y puede hacer con ella lo que le plazca. Usted la escribió, le puso dirección, le pegó una estampilla, la cerró, la llevó a la esquina; y si la volviera a poner en el bolsillo, aún tendría su carta. Pero si usted quiere depositarla, tendrá que perderla. Tendrá que ponerla en la abertura del buzón, dejar que se deslice y soltarla; y a menos que la suelte, no la habrá depositado. Cuando usted la suelte, entonces no se atreva a tocarla, pues cualquier policía en la ciudad podría arrestarle si usted la agarra de nuevo. Después de depositarla, Tío Sam la tiene; su enorme mano cubierta de estrellas se cierra sobre esa carta y usted ya no tiene potestad sobre ella. Si usted estirara la mano allí y, si fuera posible, sacara esa carta, le podrían arrestar. Encomendar significa encomendar. Significa depositar para protección.

Una transferencia

También significa algo más. Significa entregar a cargo de otro y efectuar una transferencia absoluta, hacer una transferencia absoluta a un poder superior. Así que Pedro dice: «Haga una transferencia de su alma a un poder superior. Entréguese a Dios». ¿Ha hecho eso usted? Si no es así, entonces no creo que yo tenga mucho consuelo para usted, porque usted mismo se ha hecho víctima de las menguantes circunstancias. Es víctima de todo visionario que aparezca en el horizonte. Es víctima de la suerte, del azar, de la casualidad, del acaso, de la posibilidad, de enemigos conocidos y desconocidos, del último germen que aparezca. Usted es víctima de toda incertidumbre del mundo si no ha hecho ese depósito. Pero si ya lo ha hecho no es víctima de nada de eso. Nadie se preocupa jamás de una carta que se haya depositado en el buzón, pues llegará a su destino.

Durante años he enviado paquetes, cartas, envoltorios, correo aéreo, correo urgente, y nunca he perdido un solo envío. Además, nunca he sabido que se haya perdido algo que me enviaran; siempre llega. La oficina de correos de los Estados Unidos es fiable cuando de correo se trata. Quizá tarde mucho y cueste demasiado, pero siempre llega. Por tanto, encomiende su alma y su bienestar a un poder superior, y entonces no tendrá que preocuparse.

Esa es la única paz verdadera y también el único medio que conozco de hallar paz. Si le digo a usted que la muerte no es real, le estaría mintiendo. Si le digo que no hay enemigos, le estaría mintiendo otra vez. Si le digo que usted tiene la seguridad absoluta de vivir muchos años, le estaría mintiendo aún más. Si le digo que el dolor no es real, que solo se cree que es así, usted sabría que no le estaría diciendo la verdad. Pero si le digo que el dolor es real, que las adversidades son reales, pero que sé dónde puede usted colocarse, al igual que un documento en una caja de seguridad, le estaría diciendo cuál es el lugar donde nadie podría agarrarlo, donde estaría tan seguro como la caja del banco que usted utiliza.

Esta vez no se trata de un banco, sino del Dios Todopoderoso llamado el Creador fiel. Vuélvase a su fiel Creador a través de Jesucristo. Póngase en sus manos por medio de un acto definitivo del alma. Exprese: «Señor, con sufrimiento o alegría, cualquiera que sea la circunstancia, me vuelvo a ti». Usted estará tan seguro como el trono del Señor, porque Él es un fiel Creador.

Dios es suficiente

Un dólar vale únicamente tanto como el gobierno que lo respalda. Usted compra un certificado del gobierno y este es tan seguro como el gobierno que garantiza ese documento; pero si ese gobierno falla, su certificado no será válido. Un certificado, o la moneda de un país, solo son tan seguros como el gobierno que los respalda. Si ese gobierno cae, sus certificados, su dinero y todo lo demás se vendrá abajo.

Cuando yo le digo: «Encomiende su alma a Dios por su propio bien, vuélvase, suelte las manos y entréguese para que ese poder mayor lo guarde», entonces debo calificar esto diciendo: «Usted solo estará tan seguro como Dios. ¿Es suficiente esa seguridad para usted?». Si no es suficiente, ¿qué puede usted añadirle, a dónde puede ir, a quién se puede volver? Si Dios no es suficiente, ¿a dónde mirará usted? Pero Él es suficiente. En palabras del «Te Deum Laudamus»:

A ti, oh Dios, te alabamos,
a ti, Señor, te reconocemos.
A ti, eterno Padre,
te venera toda la creación.

Los ángeles todos, los cielos
y todas las potestades te honran.
Los querubines y serafines
te cantan sin cesar:

Santo, Santo, Santo es el Señor,
Dios de los ejércitos.
Los cielos y la tierra
están llenos de la majestad de tu gloria.
(Tomado de http://es.wikipedia.org/wiki/Te_Deum, el 6 de
diciembre, 2012)

Si Dios no es suficiente, mejor es que nunca hubiéramos
nacido. Pero Él es suficiente, y sostiene el cielo y la tierra. No me
canso de citar lo que dijo un maravilloso cristiano: «Dios está
por encima de todas las cosas, debajo de todas las cosas, fuera de
todas las cosas, y dentro de todas las cosas. Él está arriba, pero
no ha sido impulsado. Está abajo, pero no lo han derribado. Está
afuera, pero no lo han excluido. Está adentro, pero no se halla
confinado. Dios está por encima de todas las cosas presidiendo,
debajo de todas las cosas sustentando, fuera de todas las cosas
abrazando, y dentro de todas las cosas llenándolas».

Esta es la esencia de Dios. Este es Él. El Señor es suficiente,
así que encomiende el cuidado de su alma al Creador. Vuélvase a
Dios a través de Jesucristo y usted estará bien.

16

El cristiano no tiene por qué preocuparse

Echando toda vuestra ansiedad sobre él,
porque él tiene cuidado de vosotros.
1 Pedro 5:7

He observado que muchos cristianos practican un error común relacionado con las promesas de la Biblia. Algunos tienen la tendencia a incluir en ciertas promesas de Dios algo en lo que Él no pensó cuando las hizo originalmente. Hay quienes leen una promesa en las Escrituras y suponen que se aplica a ellos.

Por ejemplo, sería totalmente imposible pensar que Dios dijera: «Echando toda vuestra ansiedad sobre él cuando estabais muertos en vuestros delitos y pecados, en los cuales anduvisteis en otro tiempo, siguiendo la corriente de este mundo, conforme al príncipe de la potestad del aire, el espíritu que ahora opera en los hijos de desobediencia, entre los cuales también todos nosotros vivimos en otro tiempo en los deseos de nuestra carne, haciendo la voluntad de la carne y de los pensamientos, y éramos por naturaleza hijos de ira». El Señor no podría decir en el mismo contexto: «Echad todas vuestras ansiedades sobre mí». No podría hacerlo, y no lo hace; siempre es una equivocación tomar un versículo que no le pertenece a usted y aplicárselo. O tomar un versículo que se aplica a alguien que cumple cierta condición y aplicárselo a usted sin que cumpla esa condición. Ahí está el error.

Supongamos que a su casa llega una carta, usted la abre más bien de manera despreocupada y se da cuenta de que ha heredado 100.000 dólares. Usted tendría mucha alegría humana al saber que es rico, de acuerdo a como todos estimamos esas cosas. Sin embargo, tras un examen más detallado usted se da cuenta de que ha abierto la carta por error después que le fuera entregada por equivocación. La carta pertenece a un hombre con el mismo número de casa pero de otra calle. Usted no podría solicitar ese dinero, pues no sería suyo; recibió la carta por equivocación. Por consiguiente, cuando Dios dice a ciertas personas: «Echen sus ansiedades sobre mí», usted tiene que saber a quién se refiere. ¿A quién se está dirigiendo el Señor aquí? A los humildes, los arrepentidos, los creyentes, los obedientes, los renovados y los elegidos.

Algo fundamental en todas las Escrituras es que las promesas del Padre son para sus hijos, y debemos tener presente eso. Cuando los judíos en la época de Jesús reclamaron ciertas promesas por ser hijos de Abraham, Jesús expresó: «Allí es donde están equivocados. Si ustedes fueran hijos de Abraham actuarían como su padre Abraham; pero no son hijos de Abraham, y todas las promesas que se le hicieron a él no serían válidas para ustedes; no se aplicarían a quienes descendieron de Abraham pero no fueron su simiente según el espíritu» (ver Ro. 9:3-8; Gá. 3:15-29).

Si esto no fuera tan trágico, sería cómico observar cómo políticos, periodistas y muchos otros parecen citar siempre la Biblia según su conveniencia, cuando en realidad el estilo de vida de estas personas está en un lugar en que las citas bíblicas no se les pueden aplicar. El texto es para los hijos de Dios, y no solo para los hijos de Dios que sean prominentes, talentosos o prósperos. Muchos buenos cristianos no son prósperos; muchos buenos santos no son importantes; y muchas maravillosas personas no son dotadas en absoluto. Dios ha repartido sus dones como a Él le parece adecuado, de manera soberana a través de la naturaleza y la gracia.

Tendemos a elogiar a los talentosos, importantes y prósperos. No me consta que Dios haga esto. En las Escrituras solo se mencionan la fidelidad y el amor, además de la disposición de entregarle todo a Él. Aparte de eso, no se menciona mucho el éxito o la importancia. Por eso, no se imagine que esto no se aplica a usted solo porque diga humildemente: «No soy importante, dotado ni próspero; solo soy un simple cristiano». Después de todo, así somos todos ante nuestro Padre celestial; los débiles, los que se esfuerzan, o los desconocidos son tan valiosos para Dios como los importantes y prósperos.

Cómo tratar con los temores

Observe un poco la presencia de la ansiedad en el mundo. Pedro usa la palabra «ansiedad», que por supuesto significa preocupación llevada al punto de temores ocultos. Los temores y las ansiedades tienen una razón de existir. Ser del todo optimistas es algo irresponsable y poco realista. Tal vez nadie pueda ser un juez sensato de asuntos humanos y también ser optimista. Todos los planes para vencer el temor haciendo caso omiso de las causas son engañosos; y quienes los siguen estarían viviendo en un paraíso de necios. No podemos pasar por alto las causas de nuestros temores, porque estos están aquí y tenemos que admitir su presencia.

Más de un millón de personas mueren cada año solo de malaria en todo el mundo. Así que hay enfermedad en cualquier lugar del planeta. Además entre las buenas personas ocurren accidentes junto con enfermedades, pérdida de empleos, traiciones, separaciones, abandono, muerte y guerra. Estas condiciones están desatadas en la tierra.

El mundo está lleno de todo esto, y las personas se preocupan y se muestran aprensivas; cuando estamos aprensivos, reaccionamos de varias maneras. Al asustarse, algunas personas se endurecen mucho. Desarrollan sobre ellos un caparazón como las tortugas, esperando poder alejar los peligros que temen, y se introducen dentro de ese caparazón. Otros se esfuerzan para lograr lo que denominan éxito y se vuelven opulentos, esperando poder conseguir todo lo que se proponen.

Se dice que antes de morir, John D. Rockefeller hubiera dado un millón de dólares por un buen estómago. Vivía consumiendo leche, galletas y unas cuantas cosas fáciles de digerir porque su estómago no soportaba alimentos sólidos. El campesino más pobre de Tennessee puede comer todo lo que mastica y traga, pero este hombre grandioso y con todos sus millones no podía tener un estómago tan bueno como el del muchacho campesino que crece en las tierras pantanosas de Alabama.

Algunos individuos creen que pueden librarse de estos temores siendo exitosos. Sin embargo, usted puede triunfar y conseguir muchos bienes, y estos temores seguirán surgiendo. Usted no puede sobornar a la enfermedad ni a los accidentes; y nadie puede triunfar tanto que no le afecte la guerra. Nadie puede llegar tan alto en este mundo que no sea víctima de traición o luto, y finalmente de enfermedad y muerte.

Buscar placer no es nada más que una reacción al temor.

«Comamos y bebamos, que mañana moriremos». Si voy a morir mañana, al menos podría sacar algo bueno mientras me sea posible, y hacer lo que pueda en la vida. Así que comamos, bebamos y alegrémonos hoy, porque mañana aparece esa realidad mortal y aterradora: la muerte. Esa es la forma en que algunas personas actúan, y se desenfrenan. No quieren enfrentar las ansiedades, y por eso salen y las dispersan por un corto tiempo mediante placeres mundanos. Por eso, si usted logra idear algo nuevo para agradar a las personas y hacer que se diviertan, entonces puede estar seguro de que ganará un montón de dinero.

Algunos individuos se convierten en manojos de nervios y padecen desórdenes mentales de toda clase debido a que se encuentran asustados. ¿Existe alguien que pueda enfrentar los enemigos que he mencionado (enfermedades, accidentes, pérdida de empleo o posibilidad de ello, traición, separación, luto, muerte), y mil más que no mencioné? ¿Hay alguien que pueda enfrentar estos enemigos? Alguien tiene que hacerlo; pero no desaparecerán. Algunas personas creen que si simplemente no hacemos caso al enemigo, este se irá. Pero estas cosas no desaparecen haciéndoles caso omiso. La enfermedad no desaparece cuando no se le hace caso.

Una amiga mía y de mi esposa murió de cáncer hace poco. Era relativamente joven, pero falleció. Usted puede hacerle caso omiso a la muerte, pero esta no desaparecerá; tampoco la guerra ni los accidentes. Usted puede controlar un poco todo eso siendo cuidadoso, pero la ley de probabilidad dice que muchos vehículos se dañarán, que muchas personas se quedarán dormidas, y que en las carreteras habrá muchos conductores imprudentes. Por tanto, todos esos incidentes no van a desaparecer.

Aquel que vence nuestros temores

Alguien tiene que enfrentar nuestros temores y vencerlos. ¿Quién lo hará? Usted no puede hacerlo. ¿Hay alguien más que pueda encargarse de ellos? ¿Existe alguien más que se deshaga de esos temores? ¿Hay alguien que diga: «Escucha ahora hijo de Dios, estás en medio de un mundo caído; la muerte camina por todos lados; accidentes automovilísticos, equivocaciones, enfermedades, colapsos mentales, todas estas cosas recorren la tierra de arriba abajo, pero yo me encargaré de todo eso por ti. No te prometo que no caerás en ninguno de esos problemas, pero te prometo que no tendrás que sentir miedo. Te libraré de esas calamidades, haré que obren para tu bien, convertiré en bien el mal que padeces, caminaré delante de esas circunstancias y no permitiré que te ocurra ni una sola cosa que no sea buena para ti. Y cuando lo necesites, dejaré que te ocurra algo de eso, pero estaré cuidándote como un médico cuida a su paciente; velaré por ti como una nodriza vela por su niño»? ¿Hay alguien que diga: «No tienes que ser tan optimista como para pasar por alto las circunstancias; puedes ser realista y admitir que están presentes, pero no tienes que derrumbarte ni ser enviado a ninguna institución; yo me encargaré de esas circunstancias por ti»?

Sí, existe alguien: Echad «toda vuestra ansiedad sobre él, porque él tiene cuidado de vosotros». Ese es el compendio de la Palabra de Dios para nosotros a ese respecto. Y eso no constituye todo lo que Él dijo, pero es una clase de resumen del tema, y se expone tanto en el Antiguo Testamento como en el Nuevo. El Salvador lo enseña, y todos los apóstoles también. Simplemente, el Señor en persona está preocupado por usted, el individuo, no por las multitudes.

Pensamos en multitudes y bloques. Es común ver gráficos o tablas en las revistas de noticias que muestran la silueta de una pequeña figura parada que representa a cinco millones de personas. El Señor nunca piensa en bloques y multitudes, sino en individuos. Él piensa en su única oveja, en su único hijo.

Esa es la enseñanza de las Escrituras. Dios está personalmente preocupado por usted. Él no está demasiado alto o encumbrado como para no recordar que sus hijos están en la tierra donde prevalece la enfermedad y donde suceden accidentes todos los días; donde se pierden empleos y hay preocupaciones económicas; donde se dan separaciones, por ejemplo, cuando el chico que ha estado cerca de nosotros por muchos años nos estrecha la mano con una sonrisa que no es muy verdadera y se va por la acera agitando la mano en la esquina para irse a prestar el servicio militar. Las separaciones se dan, y algunas personas se van para nunca más volver a nosotros. Dios lo sabe y declara: «Bueno, sé que esa es la clase de mundo en que vives, pero siempre te he sostenido y conozco todo detalle de tus pruebas y de todos tus problemas. Me anticiparé a toda acción del enemigo. Iré delante de ti». No solo que el Señor irá delante de nosotros, sino que también aceptará como suyos a nuestros enemigos.

Nuestro enemigo es el enemigo de Dios

«Seré enemigo de tus enemigos». ¿Ha leído usted eso en su Biblia? «Si en verdad oyeres su voz e hicieres todo lo que yo te dijere, seré enemigo de tus enemigos, y afligiré a los que te afligieren» (Éx. 23:22). Esto solo puede significar una cosa: si un enemigo se vuelve contra mí, Dios se vuelve contra él. Si tengo parte de la culpa en el conflicto, el Señor dejará que ese enemigo me ataque lo suficiente como para castigarme, pero no dejará que me destruya. Él nunca permitirá que caiga sobre mí un golpe que yo no merezca.

—Mamá, tú me diste muchas zurras cuando yo era pequeño —diría algún grandulón con cierto cinismo.

—Nunca recibiste un mal golpe —contestaría la madre desestimando la queja.

En otras palabras:

—Nunca te zurré más de la cuenta.

He aquí cinco apuestos hijos ya mayores de edad y bien crecidos, médicos y de cualquier otra ocupación, sentados alrededor en su regreso a casa, con la madre presidiendo como una reina en medio de ellos. Todos fueron a la universidad; todos tenían ideas modernas, no obstante ahora todos siguen amando a la mujer. Y allí están los veteranos y la madre. Cuando eran pequeños nunca hablaron de lo severa que la mujer fue con ellos y cómo les castigaba duramente en ocasiones.

—Madre, ¿no crees que, después de todo, nos castigaste muy a menudo? —preguntaría amigablemente el médico, un sujeto de gran estatura.

—Jovencito, cuando críes cinco muchachos buenos como los que yo tengo, regresa y habla conmigo —contestaría ella enderezándose.

Esa era la respuesta.

Dios nunca da «un mal golpe», ni deja que algo le suceda a usted si confía en que aquello tiene un propósito. Él dice: «Ahora estoy manejando esto, retira tus manos y deja de preocuparte. Esto no desaparecerá, pero yo lo manejaré y cuidaré de ti, porque personalmente me ocuparé de ti; y todos los enemigos que tienes también son mis enemigos. Estás de mi lado y yo estoy del lado tuyo, y el enemigo está en el otro lado». Dios siempre se hace cargo del enemigo.

«Eche toda su ansiedad sobre el Señor». ¿Cuáles son sus ansiedades? Yo no sé cuáles podrían ser. He dado aquí un bosquejo de algunas de ellas, y tal vez ninguna de las que menciono podría tocarlo en absoluto. Quizá tenga usted preocupaciones de las que yo no tengo la más remota idea; sin embargo, la Biblia declara que usted debe echar toda ansiedad sobre Dios.

Ahora bien, esto se debe hacer en un momento dado por un acto firme de la voluntad. No nos limitemos simplemente a llorar ni nos entreguemos al dolor. Si usted estuviera caminando por ahí con una gran carga y yo le dijera: «Permítame llevar eso por un rato», usted no me pasaría gradualmente su carga. Me la entregaría o se quedaría con ella. La acción de transferírmela representaría una crisis, una crisis exacta que ocurriría en un momento dado. En un minuto antes usted tendría esa carga, y al siguiente la tendría yo.

Cuando mi padre era joven, él y un amigo suyo tenían que ir a alguna parte, pero solo tenían un caballo.

—Te diré lo que vamos a hacer, Jake —expresó el amigo de papá. Yo montaré un rato mientras tú caminas, luego, cuando te canses, puedes caminar mientras yo monto.

Mi padre, como chico del campo que era, aceptó el trato y así es como funcionaron las cosas. El otro tipo montó un rato y Jake caminó.

—¿No crees que es hora de que cambiemos? —preguntó Jake después de un buen rato.

—Claro que sí, te cansaste —contestó el individuo—, desde luego que cambiaremos, así que puedes caminar mientras yo monto.

Hay gran cantidad de esa misma clase de arreglos entre los cristianos. Creemos haber dejado que Dios lleve la carga por un rato, pero no ha sido así; mientras tanto caminamos, y caminamos más, y resultan inútiles todos nuestros intentos de traspasar la carga. Esta no pasa; no hacemos una transferencia completa de nuestro bulto.

Había un anciano que llevaba en sus hombros un saco de trescientas libras de trigo mientras cabalgaba en su caballo.

—¿Por qué no pone el trigo frente a usted sobre el cuello del caballo? —inquirió alguien.

—El animal ya tiene suficiente carga sin tener que llevar también eso; soy un hombre pesado —respondió el anciano.

Solemos llevar nuestra carga mientras Dios nos lleva junto con nuestra carga. ¿Por qué no ser sensatos y echar la carga sobre Él? Si usted está caminando con el Señor, usted es alguien humilde que confía en la gracia divina, y sabe que es hijo de Dios. Esta promesa es por tanto para usted. ¿Por qué entonces no echar sus cargas sobre Él?

17

El cristiano se mantiene firme contra la falsa enseñanza

Amados, por la gran solicitud que tenía de escribiros
acerca de nuestra común salvación, me ha sido necesario
escribiros exhortándoos que contendáis ardientemente por
la fe que ha sido una vez dada a los santos. Porque algunos
hombres han entrado encubiertamente, los que desde antes habían
sido destinados para esta condenación, hombres impíos, que
convierten en libertinaje la gracia de nuestro Dios, y niegan a
Dios el único soberano, y a nuestro Señor Jesucristo.

JUDAS 3-4

Pedro y los otros apóstoles comprendieron que la iglesia enfrentaba una creciente variedad de herejías y falsas enseñanzas. Sabían por el susurro del Espíritu Santo dentro de ellos que era importante establecer una fuerte defensa contra la falsa enseñanza, y que el cristiano debía mantenerse firme contra todo lo que no estuviera en armonía con las Escrituras. Debían preparar al cristiano individual para que reconociera la falsa enseñanza y se le opusiera con firmeza.

La mayor parte del Nuevo Testamento da instrucciones en este sentido. El apóstol Pablo pasó mucho tiempo escribiendo desde esta perspectiva. Muchas de sus epístolas fueron escritas para combatir algo de la falsa enseñanza que había surgido en la iglesia que él había iniciado.

Un apóstol del que no oímos mucho es Judas, uno de los hermanos de Cristo. Él planeó escribir una carta alentadora, así como usted podría sentarse a escribir a sus amigos una carta para animarlos. Planificó escribir acerca de lo que llamó «nuestra común salvación». Sin embargo, el Espíritu Santo incitó a Judas y le causó una fuerte impresión para que escribiera sobre otra cosa. Una circunstancia desagradable había surgido, obligándolo a escribir una clase de misiva distinta de aquella animadora que había programado. Ciertos hombres habían entrado encubiertamente en la comunidad. Se trataba de individuos malvados cuyas vidas personales el mismo Señor había previsto y condenado cuando estuvo con los discípulos. Aquellos sujetos enseñaban doctrina contraria a la fe cristiana. Judas escribe para incitar a las víctimas de estos maestros a contender por la verdad.

Ver las cosas como realmente son

¿Qué entendemos por falsa enseñanza? Significa enseñar cosas de manera distinta a como son. Tanto las cosas físicas como las espirituales son como son. Usted puede poner un punto después de eso. Y cuando hemos descubierto o se nos han revelado los hechos respecto a esas cosas, sean materiales o espirituales, entonces moralmente se nos exige reconocer esas realidades y comprender nuestras enseñanzas conforme a esos hechos. Todo eso es tan simple que casi me disculpo por decirlo, pero constituye el marco general que debe reunir todo lo demás: que las cosas son como son. Gústenos o no, así es cómo son. Dios hizo las cosas, y así es cómo son. Lo físico y lo material es, así como es lo espiritual. Nuestra obligación es descubrir cómo son estas cosas, aceptarlas como son, y luego conformar nuestra enseñanza de acuerdo a cómo son.

La doctrina correcta es de vital importancia porque simplemente es la enseñanza de las cosas tal como son. Decir la verdad acerca de las cosas es averiguar lo que son para después conformar nuestra declaración a esas realidades.

Esto también ocurre con las verdades espirituales. Cuando una verdad se ha revelado en la Biblia, nuestro deber es averiguar de qué se trata para luego conformar toda nuestra enseñanza a esa verdad... sin editarla ni cambiarla, sino dejándola exactamente como es. Se trata de la verdad de Dios declarada tal como es, sin tratar de cambiarla.

Sería ridículo que por medio de algún sofisma o artimaña de lógica hiciéramos que agosto fuera julio, que algo sea noveno cuando es tercero, que asegurásemos estar en invierno cuando es verano, o que hiciéramos que esta nación sea Canadá cuando son los Estados Unidos. La verdad es tan simple como es. El Dios Todopoderoso hizo el mundo como un universo matemático, y todas las cosas funcionan según leyes matemáticas. Él tiene un mundo moral, el cual se rige según leyes morales que son tan exactas e inmutables como las leyes matemáticas del Señor.

La no conformidad a la verdad en cualquier lugar provoca desastre. Permítale a un ingeniero estar equivocado respecto a una posición y déjele construir un edificio según ese concepto erróneo; el edificio se derrumbará alrededor de él. O dejemos que un navegante se equivoque respecto a sus cálculos y se dirigirá hacia una roca; su viejo barco se zarandeará mientras encalla en un banco de arena, se dará contra una roca, y quedará varado o se hundirá. El navegante no ha actuado conforme a la verdad. La disconformidad siempre provoca desastre dondequiera que sea. Y la enormidad del desastre depende del alto o bajo nivel de los hechos que tenemos delante de nosotros. La falsa enseñanza consiste en la falsificación de datos acerca de Dios, de nosotros mismos, del pecado y de Cristo.

Una idea errónea sobre Dios

Primero, toda falsa enseñanza debe comenzar con el concepto erróneo de Dios. Nadie que tenga el concepto correcto de Dios puede equivocarse demasiado en cualquier otro asunto. Y todas las grandes equivocaciones básicas que se han cometido, todos los grandes errores fundamentales, han descansado en conceptos acerca de Dios. Los hombres no están dispuestos a dejar que Dios sea lo que Él dice que es. Siempre están tratando de cambiarlo o de hacer que sea distinto de lo que es.

Dios es, y más nos vale que lo aceptemos como Él es. Dios es, y los ángeles quieren que sea lo que es. Dios es, y los ancianos, los santos y las criaturas celestiales quieren que sea lo que es. Mejor es que queramos que Él sea lo que es, y que nos conformemos a lo que es. Cualquier estructura o base que esté torcida se derribará con el tiempo. Se hundirá, se desplomará, se inclinará o caerá, pero no permanecerá de pie por mucho tiempo. O si lo hace, se inclinará como la torre de Pisa en Italia.

De todos los fundamentos, Dios es el más importante, porque Él es Dios e hizo el cielo y la tierra y todo lo que estos contienen. Sería un gran error por parte de un hombre o de una mujer pasar toda la vida creyendo que han estado hablando con el Dios del cielo y la tierra, y descubrir que estuvieron hablando con un dios que habían confundido en su propia imaginación.

Orar y predicar toda la vida acerca de Dios en una manera que no fuera fehaciente con lo que Él realmente es, sería para mí una calamidad terrible y trágica. Creer en un Dios que haya sido resultado de una combinación de ideas extraídas de filosofía, psicología, religiones y supersticiones sería eternamente desastroso. No, Dios es lo que es y lo mejor es que sepamos lo que Él es y luego conformemos nuestra enseñanza a Dios.

Piense en los atributos de Dios. Todos ellos combinan la naturaleza del único Dios. Si eliminamos o pasamos por alto alguno de esos atributos da como resultado algo que es menos que Dios. Por ejemplo, si sacamos de la naturaleza de Dios toda la justicia, el juicio y el odio por el pecado, solo nos queda un Dios blandengue. Quienes han sacado el amor y la gracia, se quedan solo con un Dios de juicio. Retire la personalidad de Dios y no tendrá más que un Dios matemático como el de los científicos. Todos estos conceptos de Dios son falsos e inadecuados.

El nuestro es un Dios de justicia y de gracia; y aunque es el Dios de justicia, también es el Dios de misericordia. Y aunque es un Dios de exactitud matemática, también es un Dios que puede tomar bebés en los brazos, acariciarles la cabeza y sonreír. Él es un Dios que puede perdonar y que ciertamente lo hace. Así que más nos vale hacer del estudio de esta Biblia la tarea de nuestras vidas, a fin de averiguar lo que Dios es, y luego conformar nuestros puntos de vista a Él.

Una idea errónea sobre nosotros mismos

Lo segundo en que nos equivocamos es que cualquier idea errónea sobre Dios está condenada a darnos una idea errónea de nosotros mismos. Algunas personas enfocan a Dios a través de la ciencia y del estudio de la antropología; pero la antropología sin teología está condenada a llevarnos a error. Usted y yo tan solo podemos explicarnos a nosotros mismos a la luz de la doctrina de que Dios nos hizo del polvo de la tierra y que sopló aliento de vida en nuestras narices, y así el hombre se convirtió en un ser vivo. La ciencia ha descubierto muchas cosas respecto a Dios, pero no las ha descubierto en contexto. No han empezado con Dios para luego considerar el mundo que creó, sino que han comenzado con el mundo para luego tratar de considerar a Dios, quedando así lejos de hallarlo. El resultado es trágico para todos.

Si el hombre se equivoca con relación a Dios, entonces estará condenado a equivocarse respecto a él mismo. Si se equivoca acerca del artista, entonces se equivocará respecto a la pintura. Si se equivoca acerca del alfarero, entonces se equivocará con relación a la vasija. Si se equivoca con relación a Dios, entonces se equivocará respecto a la criatura. Al multiplicar los hechos científicos que nos rodean, los cuales son erróneos por haber dejado fuera a Dios, afirman que Dios no existe. O de haber un Dios, sería un Dios de matemáticas y leyes, pero no el Dios que la Biblia da a entender. Todo esto es un error, y usted no puede conocer la verdad acerca de sí mismo a menos que conozca primero la verdad respecto a Dios. Usted vino de la mano de Dios, y debe volver a Él para bien o para mal, a fin de ser sentenciado o de recibir bendiciones.

Por eso, cuando recibimos a Dios, entendiéndolo y dejando que Él sea lo que afirma ser, y cuando creemos lo que Dios dice acerca de nosotros, creemos lo correcto. Si usted cree ser algo mejor de lo que Dios afirma, se equivoca por completo. Si usted cree que es algo diferente de lo que Dios asegura, está en un error. Usted falsificará los datos. Alguien ha falsificado los hechos y ha hecho de usted una víctima. Crea respecto a usted lo que Dios dice. Crea que usted es tan malo como Dios lo afirma, y que está alejado de Él como Dios indica. Después crea en que Cristo puede acercarse tanto a Dios como asevera que usted puede hacerlo, y acepte como la verdad lo que Él dice con relación a usted.

Una idea errónea sobre el pecado

Luego está el pecado. Este no se puede entender hasta que creamos en Dios y en lo que Él ha dicho acerca de nosotros. El pecado es ese fenómeno invasivo, eterno y omnipresente. Allí se presenta odio, mentira, deshonestidad, asesinato, delitos, tribunal, ley, policía, cárcel, cerraduras y tumbas. Pero existen aquellos que lo negarían y, por supuesto, eso es falsificar datos. Hay quienes darían otro nombre al pecado, y estarían falsificando información. Existen otros más que tratarían el pecado como una enfermedad, y estarían falsificando datos.

Dios declaró que el pecado es el rompimiento de la ley, que es rebelión contra su voluntad. Afirma que pecamos debido a una naturaleza heredada de nuestros padres y nuestras madres; que es un acto contra la fe, el amor y la misericordia de Dios. También manifiesta que es rebelión contra la autoridad constituida de la Majestad en lo alto; expresa que es iniquidad, y que es imputable personalmente a quien lo comete. Dios añade: «El alma que pecare, esa morirá» (Ez. 18:20). Más nos vale que con relación al pecado creamos lo que Dios dice al respecto, o estaríamos falsificando información. Falsificar información en asuntos espirituales es una equivocación más terrible que otras, y provocará consecuencias más terribles que falsificar información en asuntos materiales.

El médico que dosifica mal la cantidad de la medicina que dará a un paciente podría matarlo, lo que solamente destruiría un cuerpo. El predicador que juzga mal o cuenta mal la verdad relacionada con el pecado, con el hombre y con Dios, condenará eternamente al oyente, lo cual es infinitamente más terrible. La verdad relacionada con Dios significa que debemos aceptar su soberanía, su santidad, su justicia, su gracia, su amor y todo lo que la Biblia dice respecto a Dios. En cuanto a mí, esto requiere que debo creer que soy una imagen caída de Dios, alguien que quiere más de esa imagen pero que no cumple con las expectativas.

Una idea errónea sobre Cristo

Lo cuarto es Cristo mismo, porque si no tengo el concepto correcto de Dios, de mí mismo y del pecado, entonces tendré un concepto tergiversado e imperfecto de Cristo. No titubeo en decir que es mi convicción más sincera y benévola que el Cristo de la religión promedio de hoy día no es para nada el Cristo de la Biblia. Presentan un Cristo fabricado y pintado en lienzo, un Cristo extraído de la poesía barata, un Cristo liberal, endeble y tímido. Es un Cristo de imitación desprovisto de lo férreo, lo furioso y lo iracundo, así como del amor y la misericordia. Si tengo un concepto erróneo de mí mismo, tendré un concepto peligroso del pecado. Y si tengo un concepto peligroso del pecado, he degradado el concepto de Cristo.

Contender por la verdad

Así que aquí está la forma en que funciona: se reduce a Dios, se degrada al hombre, se subestima el pecado, y se menosprecia a Cristo. No es de extrañar que los judíos dijeran las cosas horribles que manifestaron. Recomiendo leer atentamente el libro de Judas. Enfóquese en algo poco claro, y luego escudriñe lo fundamental. Atrévase a creer algo y hable a favor de Dios. En esta espantosa época de la denominada tolerancia las personas están listas para creer en cualquier cosa.

> Vosotros, amados, edificándoos sobre vuestra santísima fe, orando en el Espíritu Santo, conservaos en el amor de Dios, esperando la misericordia de nuestro Señor Jesucristo para vida eterna. A algunos que dudan, convencedlos. A otros salvad, arrebatándolos del fuego; y de otros tened misericordia con temor, aborreciendo aun la ropa contaminada por su carne (Judas 20-23).

No estamos llamados a sonreír, sonreír y sonreír, sino a veces a fruncir el ceño y reprender con toda paciencia y con doctrina. Debemos contender pero sin ser contenciosos. Debemos preservar la verdad pero sin lastimar a alguien más. Debemos destruir el error pero sin dañar a los demás. Algunos hombres estaban equivocados en los primeros días; contendieron, y al hacerlo se volvieron contenciosos. Al tratar de preservar la verdad destruyeron a quienes sostenían el error. Esto es erróneo. Preservemos la verdad pero no lastimemos a nadie. Como escribiera Frederick W. Faber (1814-1863) en su himno «Fe de nuestros padres»:

La fe de nuestros padres, amaremos
Tanto al amigo como al enemigo en toda nuestra lucha;
Y predicaremos también como el amor sabe hacerlo,
Con bondadosas palabras y vida ejemplar.
(Frederick W. Faber [1814-1863] letra de dominio público).

«Vosotros, amados, edificándoos sobre vuestra santísima fe». ¿Se está edificando usted en estos días? ¿Ha leído recientemente un

libro de la Biblia? ¿Ha memorizado alguna parte de las Escrituras? ¿Ha buscado conocer a Dios? ¿Está usted buscando su religión en la radio o la televisión, o tiene una Biblia y la estudia?

«Orando en el Espíritu Santo». No titubeo en decir que la mayor parte de las oraciones no se hacen en el Espíritu Santo. La razón de que no oremos en el Espíritu Santo es que no lo tenemos dentro de nosotros. Ningún individuo puede orar en el Espíritu a menos que su corazón sea una habitación para el Espíritu. Solo cuando el Espíritu Santo tiene dominio ilimitado dentro de nosotros es que podemos orar en el Espíritu. No dudo en decir que cinco minutos de oración en el Espíritu Santo equivaldrán a más de un año de oraciones que no se hagan en el Espíritu.

«Conservaos en el amor de Dios». Sé veraz para con la fe pero caritativo para con aquellos que están en el error. Nunca sientas ningún desprecio por nadie. Ningún cristiano tiene derecho de sentir desprecio, porque esta es una emoción que solo puede venir del orgullo, que es una puerta abierta para el enemigo. Por eso, seamos una tienda abierta; seamos caritativos y amables en toda circunstancia mientras nos conservemos en el amor de Dios. Y si amamos a Dios, amaremos también a los que son de Él.

«Esperando la misericordia de nuestro Señor Jesucristo para vida eterna». Y desde luego, esa es la segunda venida de Jesús, pues esperamos su venida. Es maravilloso para mí que la misericordia de Cristo habrá de mostrarse cuando venga por segunda vez. Su misericordia se mostrará entonces igual como sucedió en la cruz, se mostrará como cuando el Señor recibe a los pecadores, y como cuando pacientemente va tras nosotros los cristianos. Esa misma misericordia se mostrará en la venida de Jesucristo para vida eterna.

«A algunos que dudan, convencedlos. A otros salvad, arrebatándolos

del fuego; y de otros tened misericordia con temor, aborreciendo aun la ropa contaminada por su carne». Tenemos el encargo de ganar a otros, de hacer todo lo posible por llevar a otros ante Cristo, salvándolos con temor, sacándolos del fuego. Durante toda su vida John Wesley se refirió a él mismo como un tizón arrebatado del fuego. Él sabía que había estado en medio del fuego, pues ya había experimentado las llamas ardientes del infierno cuando Jesucristo lo sacó del feroz foso, al extinguir el fuego con su propia sangre, y así Wesley se convirtió en el personaje que conocemos. John nunca se atrevió a levantarse y pensar de sí mismo como un gran hombre de Oxford o un gran genio, sino como un tizón arrebatado del fuego. Y ahora esperamos la venida de Cristo y la misericordia de nuestro Señor Jesucristo. He aquí lo que el antiguo tejedor de seda Gerhard Tersteegen (1697–1769) dijo respecto a Cristo:

Existe un bálsamo para todo dolor,
Una medicina para toda congoja;
La mirada vuelta hacia la cruz,
Y así esperar el día de mañana.

Algunos de los antiguos santos en los días pasados denominaron medicina de inmortalidad al culto de comunión. Quizás usted no les acepte todas sus creencias, pero en eso creo que tenían razón. Medicina para toda congoja, la mirada vuelta hacia la cruz, y esperar el día de mañana. El mañana de gloria y el cántico para cuando Él venga. El mañana del arpa, el bálsamo y la bienvenida a casa.

Mientras tanto, en la amada mano del Señor hay caminos. Mientras tanto, ¿qué vamos a hacer? ¿Rendirnos al calor?

Mientras tanto, ¿qué vamos a hacer? ¿Rendirnos a los liberales?

Mientras tanto, ¿qué vamos a hacer? ¿Rendirnos a la iglesia muerta?

Mientras tanto, ¿qué vamos a hacer? ¿Rendirnos a los que han optado por caminar en la sombra baja del cristianismo?

¡Nunca!

Atrévase a contender sin ser contencioso. Atrévase a preservar la verdad sin lastimar a las personas. Atrévase a amar y a ser caritativo, y mientras tanto habrá descanso y consuelo para el cansado que recuesta la cabeza en el pecho del Señor.

Dejemos que la gracia de Dios, con caridad para todos y odio para nadie, pero con determinación a ser leales a la verdad aunque esto nos mate, a poner nuestra barbilla un poco más arriba y nuestras rodillas un poco más abajo. Miremos un poco más adelante al mismo trono de Dios, porque Jesucristo se sienta a la diestra de Dios el Padre Todopoderoso. Seamos valientes, atentos y estrictos aunque amables. Oremos en el Espíritu Santo, conservándonos en el amor de Dios y edificándonos en la santísima fe. Ganemos para Cristo a todos los que podamos hasta el día de la gloria y el cántico.

Amén.

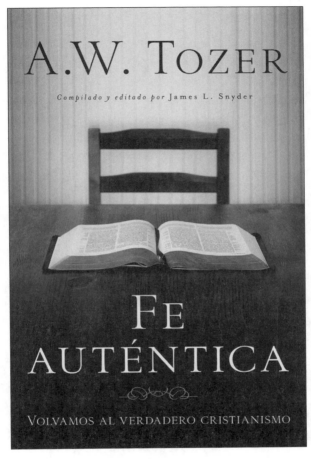

Hasta el día de su muerte, A. W. Tozer jamás dejó de exhortar a la Iglesia para que caminase como aquellos que realmente pertenecen al reino de Dios. Anhelaba verla regresar a lo que fue antes, a aquel modelo tipificado por la Iglesia primitiva llena del Espíritu Santo, humilde y amorosa.

Si se ha preguntado alguna vez por qué la Iglesia tiene poca influencia en el mundo y, de igual manera, cómo su vida personal podría constituir más claramente el testimonio poderoso que caracterizó a los primeros cristianos, las palabras de Tozer, severas y rotundas, le recordarán qué es lo que le falta, y le retarán para que renuncie a lo superficial de modo que pueda caminar hacia la fe auténtica.

ISBN: 978-0-8254-1814-3

A.W. TOZER

Compilado y editado por
JAMES L. SNYDER

DISEÑADOS
PARA
ADORAR

DESCUBRA EL VERDADERO
PROPÓSITO DE SU VIDA

En esta obra, Tozer le retará a replantearse las prioridades de su vida mientras, al mismo tiempo, le ofrecerá una copa de agua de vida para su alma. Tozer, predicador nato, hallaba su máximo placer en practicar la presencia de Dios. La adoración era el centro de su vida y su pasión. *Diseñados para adorar* es la introducción perfecta a la obra de Tozer. Compuesto por mensajes que él definió como su mejor enseñanza, este libro deleitará también a los que ya lo conocen y se han visto conmovidos y cambiados por sus otros clásicos.

ISBN: 978-0-8254-1815-0

Disponible en su librería cristiana favorita o en www.portavoz.com

La editorial de su confianza